마을에서 함께 읽는
지역관리기업 이야기

마을에서 함께 읽는
지역관리기업 이야기

김신양 지음

착한책가게

차례

좀 과장해서 백 번쯤 갔고, 갈 때마다 온종일 혹은 이틀을 꼬박 보낸 곳이 지역관리기업이다. 어떨 땐 마을 화단에 꽃 심는 행사가 있어 시장을 비롯한 주민들과 함께 꽃을 심기도 했고, 주민들 집에 초대되어 함께 차를 마시며 얘기를 나누기도 했다. 아주 가끔은 방문한 마을에서 어슬렁거리던 청소년들에게 날치기를 당하거나 도둑을 맞기도 했다. 생드니, 오를레앙, 마꽁, 올네수부아, 빵땡, 드뢰…. 이들 지역에 함께 방문한 단체만 해도 굉장히 다양하다. 여성단체연합 소속 지역 여성활동가들, 집수리자활공동체네트워크, 자활노조, 사회적기업 함께일하는세상, 한림대를 비롯해 각종 방송국과 언론사 등.

| 소박하지만 풍성한 환대의 공간

왜 그렇게 자주 갔을까? 무엇이 나를 지역관리기업으로 이끌었을까? 생각해보니 까닭이 한두 가지가 아니다. 하지만 무엇보다 우선하는 것은 그들이 보여준 환대의 문화이다. 예를 들어 지역관리기업 한 곳을 방문하려고 하면 전국네트워크 조직인 '지역관리기업 전국네트워크CNLRQ'가 모든 일정을 조정해준다. 그리고 방문에 드는 비용도 모두 전국네트워크가 부담한다.

오전이나 오후, 한 때 약속을 잡고 만나 설명 좀 듣고 질문 대답하고 '땡!' 하는 그런 방문이나 면담이 아니다. 지역관리기업을 갈 때마다 온종일 혹은 이틀 동안 그 지역에 머물며, 그야말로 지역을 둘러보면서 지역의 특징을 이해하고, 주민들을 만나고, 주민들의 경제활동 공간인 작업장 곳곳을 돌아본다. 그러면서 어떻게 일하는지, 어떤 노동관계를 형성하는지 보고, 마을 주민들이 공동으로 운영하는 식당에서 함께 밥을 먹고, 이사들과 만나기도 했으며, 때로는 지자체 의원이나 시장의 초청으로 시청에 가서 이야기를 나누기도 했다. 그들이 마을살이를 하듯, 방문하는 우리도 그들과 말만 나누는 것이 아니라 그들의 마을살이를 속속들이 안내받고 경험해보는 것이다.

그런데 생각해보시라. 지역관리기업 대부분은 서민임대주택HLM 지역에 자리 잡은 가난한 사람들의 단체라는 사실을. 아마 프랑스의 사회적경제 조직 중 가장 소박한 곳의 하나일 것이다. 그런데도 자신들의 돈을 들여 더할 나위 없이 친절하게 맞이해주고, 정말 많은 시간을 할애해주고, 너무 준다는 점! 너무 극진한 대접을 받아서 황송하기 이를 데 없어 식사라도 대접할라치면 안내하시는 상임이사나 대표는 아주 고마워하시며 주민들과 같이 가도 되냐고 묻기도 했다. 가난하지만 풍성한 환대가 있는 곳, 기꺼이 자신의 시간을 내어주는 곳. 그곳이 지역관리기업이다.

살고 싶지 않은 곳, 살 만한 곳이 아닌
'방리유'에 자리 잡은 까닭

지역관리기업은 대부분 서민임대주택 밀집지역에 설립된다. 우리나라의 임대아파트 단지와 비슷한 곳이다. 그러니까 주민들 대부분은 저소득층이다. 하지만 그러한 곳을 근거지로 지역관리기업을 설립하고 활동하는 까닭이 단지 경제적인 것만은 아니다. 지역관리기업을 제대로 이해하기 위해서는 그 지역 주민들의 특성뿐 아니라 '지역' 자체를 이해해야 한다.

우선 지역관리기업이 자리 잡고 있는 서민임대주택 단지는 대부분 대도시의 외곽에 있는 교외지역이다. 불어로는 '방리유 banlieue'라고 한다. 프랑스에서 이 단어는 단지 교외지역이라는 지리적인 의미만 담고 있는 것이 아니다. '골치 아픈 문제 지역', '위험 지역', '범죄 지역' 등 불명예스러운 딱지라고 할 수 있다. 단지 방리유에 거주하는 이들이 가난하고 그 지역의 실업률이 높기 때문이 아니다. 그곳은 프랑스 사회가 지닌 모든 모순과 갈등이 폭발해서 일반 국민들에게는 '폭동이 일어나는 곳'으로 인식되기 때문이다.

아마 여러분 가운데 많은 이들이 2005년 파리 외곽 생드니 Saint-Denis에서 일어난 사건과 관련한 언론 보도나 영상을 보았을 것이다. 아프리카와 아랍 출신 청년들이 불을 지르고 가게를 약탈하는 장면을. 그러한 사건이 일어난 것은 사실이지만 언론이 교묘히 사실을 부풀려서 내보내 국민들의 불신과 불안을 조장한 측면이 있다. 그래서 그 청년들이 무슨 불만이 있는지, 왜 그런 갈등이 폭발했는지 '진실'을 밝히기보다는 이민자들의 반란쯤으로 치부해 오히려 사회 갈등과 분열을 조장한 것

11

이다. 방리유는 그렇게 다수의 프랑스 국민들에게는 실업자들과 이민자들과 사회 불만 세력이 집결된 위험한 곳으로 인식되는 곳이다.

그러한 곳에 왜 지역관리기업이 들어섰을까? 그리고 그런 지역에서 어떻게 지역관리기업이라는, 마을의 협동 기업이 만들어지고 운영될 수 있었을까? 외지인이나 이방인이 보기엔 참 신기하고 이해가 잘 안 될 것이다. 실제로 한국 사람들이 지역관리기업을 방문할 때 빈번하게 사건 사고가 일어났다. 방문객들이 지역을 둘러볼 때 어느 순간 날쌘 청소년이 휙 지나가면서 가방을 날치기해 가기도 하고, 차량에 있던 카메라나 방문할 때 주려고 준비한 선물을 도둑맞는 일도 자주 있었다.

하지만 방리유는 위험하고 골치 아픈 곳이 아니라 '아픈 곳'이다. 우리 몸이 아프면 불편하고 힘들더라도 우리가 돌보고 치유해야 하듯 방리유 또한 그러한 곳이다. 아프고 불편하기에 숨긴다면 병만 더 키울 것이고, 그러다 보면 더는 감당이 안 될 정도로 커져서 치료할 수 없는 지경에 이르게 된다. 지역관리기업이 활동하는 지역이 아픈 까닭은 많다. 그 아픔은 역사적으로 누적되어 온 정치적, 경제적, 문화적 갈등 때문에 형성된 것이다.

　우선 서민임대주택 거주자들은 대부분 저소득층이고 저임금노동자나 실업자가 많다. 그런데 식민지를 두었던 프랑스 사회에서 저소득층이나 저임금노동자들은 대부분 알제리나 모로코, 세네갈, 가봉 등 아프리카의 식민지 국가 출신의 이민 1세대나 그들의 가족인 이민 2세대와 3세대들이다. 이들 국가는 대부분 독립 후에도 분쟁을 겪고 있고, 그래서 경제가 낙후되어 프랑스로 이민을 온 이들이 많다. 2차 세계대전 이후부터 1970년대 초 석유위기로 인한 경제위기가 시작되기 전까지는 이들 이민자들도 일자리를 구하기 수월했기에 정착하는 데 어려움이 없었다. 프랑스는 특히 1950~1960년대에는 경제발전 시기여서 식민지 국가 출신의 노동자들뿐 아니라 인근의 스페인, 이탈리아, 포르투갈에서도 많은 노동력이 유입되었다. 그러다 보니 인구가 급속히 늘어나 단기간에 이들을 수용할 수 있는 주택을 공급해야 했고 그래서 교외지역에 아파트형 주택이 대량으로 공급된 것이다.

　사회적 갈등의 이면에는 항상 경제적인 문제가 있게 마련이다. 이민자들은 일자리를 얻어 프랑스 사회에 통합되어갔지만, 지속된 경제위기는 예상치 못한 갈등을 일으켰다. 청년 시절에 이주해 온 식민지 출신 노동자들은 1970년대에 시작된 경제위기 때에는 이미 중장년층이 되어 구조조정과 해고의 대상이 되었고, 다시 노동시장으로 돌아가기 어려운 집단이다. 하지만 그들은 장기간 일했으므로 연금 혜택을 누리며 그럭저럭 살아갈 수 있었다. 그러나 이민 2세대와 3세대는 다르다. 이들은 일자리를 구하기 어려워 실업수당 등 공공부조에 의존해서 살아가야 하는 경우가 많았다. 그러다 보니 프랑스 국민들 가운데 일부는 자신들이 낸 세금이 다 놀고먹는 이민자들에게로 간다는 불만을 가지게 되었다. 이러한 정서에 기름을 부은 것이 인종주의 극우파 정당들과 보수 언론들이었다. 그러다 보니 일부 국민들은 이민 2세대와 3세대들에게 적대감을 가지게 된 것이다.

반면, 이민 2, 3세대들은 억울했다. 자신의 부모들이 제국주의 국가에 와서 일을 할 수밖에 없던 현실도 서러운데 실컷 부려먹고 나서 해고를 하다니 세상이 얼마나 불공평하고 부당하게 여겨졌겠는가! 게다가 자신들이 일을 안 하려고 한 것도 아니고 일자리가 부족하며, 그나마 그 일자리조차 자신들에게는 열려 있지 않은 사회의 편견과 차별도 시리운데 놀고먹는 세금 도둑으로 몰리니 얼마나 억울했겠는가! 게다가 그 수당이라는 것도 충분히 주어지는 것이 아니고, 한시적으로 제공되는 것이 많으니 소일거리라도 찾아야 하는데 쉽지 않다. 이런 상황에서 지역의 쇼핑몰에는 다국적기업의 상품이 즐비하지만 그곳을 쓸고 닦고 청소하는 이들은 그들의 가족이나 친구들인 현실 앞에서 그들이 사회에 고운 시선을 가지기 어려웠을 것이다. 그러니 사회에 통합되기보다는 그 사회를 부정하고 싶은 마음이 더 컸을 것이다. 그래서 상점이나 대형마트의 물건을 훔쳐서 되팔기도 하고, 마약거래를 하며 생활비를 벌거나 생계비에 보태는 이들도 많다. 그러다 보니 가게도 하나둘씩 철수하고 마을의 상권은 죽어간 것이다.

이런 방리유 지역에서의 정치는 쉽지 않다. 실업, 소외, 문화적 차이, 빈곤 등으로 사람들은 살기 어렵고, 사는 게 고단한 이들은 이웃에 짜증이 나고 돌보는 데 무관심해진다. 술 마시고 잊어버리고 싶은 현실을 살아가야 하는 이들, 새벽부터 밤까지 일해야 하는 이들도 많다. 그렇다 보니 자기가 사는 아파트에서 창문 밖으로 쓰레기를 버리기 일쑤여서 아파트 주변 정원은 쓰레기로 가득 차 있다. 그 때문에 임대주택관리인과 주민들 간 말다툼이 일어나고, 주민들은 주민들대로 청소를 제때 해주지 않는다고 원성이 자자하다. 이웃 간의 갈등과 싸움이 끊이지 않는다.

　지역에서 이웃 간에 서로가 부담스럽기만 하고 서로에 대한 불만이 가득하면 주민자치기구인 마을위원회 운영도 순조롭지가 않다. 저마다 자기의 불만을 드러내지만 누가 어떻게 해결할 것인지 대책을 운영할라치면 바쁘다는 핑계로, 귀찮다는 이유로 슬그머니 다 빠진다. 스스로 지역을 관리하는 일은 내키지도 않고 어떻게 해야 하는지도 모르며, 누가 알려주지도 않는다. 정치인들은 이들과는 너무나 멀리 있는 것이다.

　지역관리기업이 '사회관계를 엮다'를 모토로 설립과 운영을 위한 실천 안내서를 낸 까닭은 이 때문일 것이다. 지역에 문제가 참 많은데, 가진 것도 지식과 경험도 별로 없는 그곳에서 무엇부터 시작해야 했을까? 그러니 사람에서 시작해야 하지 않았을까? 하지만 각자 자기 생각만 하는 사람들만 있다면 그들은 단지 대중일 뿐, 협동의 힘을 발휘하려면 그들의 관계를 엮어야 하지 않았을까!

│ 지역관리기업의 실천은 주민들의 어려움을 해결하는 과정

방문한 지 꽤 되었지만 기억나는 사연만 해도 한두 가지가 아니다. 사연이라 했지만 사실은 실천사례인데 그렇게 표현한 것은, 워낙 감동적이고 심금을 울리는 사연들이 많은데 단순히 실천, 혹은 모범사례라고 하면 꼭 일로서 대하는 것 같아 감동이 제대로 전달될 것 같지 않아서다. 그들이 일하는 방식은 사실 주민 한 명 한 명, 한 지역 한 지역의 문제를 해결해나가는 방식이어서 항상 그 실천의 시작엔 사람들의 어려움, 고단함, 염원 등 사연들이 있게 마련이다.

2008년에는 최초로 지역관리기업을 설립한 분을 만났다. 바로 모Meaux에서 지역관리기업을 설립하고, 이후 전국네트워크 회장까지 역임한 샤를르 부졸Charles Bouzol이다. 만난 당시에는 지역관리기업에서의 경험을 토대로 지역개발과 자활지원 사업을 결합하는 다양한 연대활동을 컨설팅하는 단체를 운영하고 있었다.

그가 지역관리기업을 만든 까닭은, 그 지역은 가난한 사람들이 밀집해 있고 주민들 대부분이 실업문제를 안고 있었을 뿐 아니라, 범죄와 마약 등 각종 사회문제가 많아 악명이 높았기 때문이다. 그곳에서 그는 지역관리기업을 설립해 낡은 서민임대주택을 호텔로 개조하여 일자리를 창출했다. 그 지역엔 특히 실업상태인 한부모 여성가장이 많았는데 이 호텔에 그 여성들을 고용함으로써 일자리를 창출할 수 있었다. 뿐만 아니라 생활 근거지에 일자리를 마련해 아이에게 문제가 생겼을 때 언제든지 가볼 수 있게 하여 가정과 직업을 병행할 수 있도록 하려는 의도도 있었다. 또한 호텔을 저렴하게 운영하여 단기간 출장이나 학업을 위해 방문하는 저소득층에게 적합한 숙소를 제공하는 것으로 명성이 높아졌다. 그 결과 그동안 낙후되었던 지역에 상업활동이 늘어나게 되어 지역개발에도 기여할 수 있었다. 동시에 지역의 청소를 담당하여 더럽고 음습한 지역의 이미지를 개선하게 되었다.

지역의 욕구를 파악한다는 것은 사실 거기 사는 사람들이 무엇을 힘겨워하는지, 무엇이 걸림돌이 되는지를 파악하는 것이다. 그리고 그런 것들은 사람들의 구체적인 사연을 들어야 제대로 알 수 있고 어디서 어떻게 시작해야 할지 감을 잡을 수 있다. 지역이란 그냥 물리적인 공간으로 퉁칠 수 없는, 사람들의 삶의 터전이기에 지역관리기업은 그들의 사연에서 시작한다.

│ 주민들이 가진 지혜를 믿는 사람들

우리나라에서 지역관리기업을 방문한 이들이 가장 많이 물어보는 질문은 지자체나 공공 부문과의 관계이다. 그들과 사이가 좋은지, 좋으면 어떻게 그렇게 되었는지, 지원은 잘 해주는지, 지원해줬다고 간섭을 하지는 않는지 등. 이런 질문이 단골이 되는 것도 당연하다. 한국에서 많은 지역 활동가들이 민관협력에 애를 먹고 피곤해하니. 그런데 이런 질문에 대해 부럽게도, 대부분 관계가 괜찮다고 했다. 그래서 그 비결이 무엇이냐고 물으면 답변은 참 다양하다. 가장 기본적으로는 지역에서 꼭 필요한 일을 하기 때문이고, 그래서 사업을 위탁받거나 수주하면 그 일을 잘해내기 때문이라고 한다. 일을 잘해낸다는 것은 여러 가지 의미이나 청소나 집수리를 할 때 서비스의 질적인 측면을 말한다. 그러니까 꼬투리 잡힐 일 없이 한다는 것이다.

여기서 잠깐, 지역관리기업에서 일하는 노동자들은 지역의 주민인데 대부분 노동통합지원 대상자들, 즉 한국으로 치면 자활지원 사업 대상자들이다. 그들이 어떻게 그렇게 깔끔하게 일을 할 수 있을까? 혹시 현장 실무책임자들이 땜빵을 하는 건 아닐까?

지역관리기업의 현장 실무책임자들은 기술교육을 제공하면서 일을 가르친다. 하지만 지역관리기업은 단지 기술만 가르치는 것이 아니라 그들에게 필요한 여러 가지 서비스를 제공해서 일할 수 있는 조건을 마련하는 동반지원 서비스도 제공한다. 현장 실무책임자가 작업을 하면서 사업 참여 주민들에게서 나타나는 모습을 정리하면 사례관리를 담당하는 인력이 그들과 상담을 진행하여 문제를 해결하는 데 도움을 준다. 돈 관리를 못 하는 사람에게는 재정후견인을 연계해주고, 약물중독이나 알코올중독인 이들에게는 치료를 받을 수 있는 방법을 모색해준다.

　이렇게 지역관리기업이 채용하는 지역 주민들 중 다수는 그냥 일자리가 없는 주민들이 아니라 우리나라로 치면 이른바 취약계층이라고 불리는 이들이다. 하지만 동시에 이들은 지역관리기업의 회원이다. 그러므로 지자체 의원이나 사회주택 대표자들과 동등한 자격을 가진다. 그렇기 때문에 지역관리기업과의 관계가 단지 고용과 피고용 관계로만 묶여 있지 않다. 회비를 내고, 동등한 의무와 권리를 가지는 회원 관계에 기반을 두는 것이다. 그러다 보니 지역관리기업과 일로만 관계하는 것이 아니라 한 사람의 회원으로서, 즉 지역의 주민이자 한 사람의 시민으로서 관계하는 것이다. 그러하기에 지역관리기업의 실무자들이나 이사들은 이들과 교육이나 소모임, 토론, 지역 행사나 총회 등 다양한 공간에서 만나게 된다. 또한 여기에 채용된 주민들은 요구만 할 수 없고 함께 운영해야 할 주체로서 행동해야 한다.

지역관리기업의 힘은 여기서 나오는 것 같다. 주민들의 다양한 모습을 마주하게 된 실무자들은 그들에 대한 이해도가 높아진다. 잘 알게 되고 친해지니까 생기는 그들의 노하우는 실로 간단했다. 주민들에게 억지로 시킨다고 되는 것이 아니라 물어보고, 스스로 결정하게 하고, 같이 어울리며 친해져야 한다는 것이었다. 일하는 사람도, 이사들도 그 지역의 주민이라는 의식이 깔리지 않으면 그러한 관계는 불가능할 것이다.

실례로 마꽁Mâcon의 지역관리기업을 방문했을 때 대표와 상임이사 두 분과 얘기를 나누면서 물은 적이 있다. 여태껏 이런 어려운 활동을 할 수 있는 원동력이 무엇인지. 그들의 답은 아주 간단했다. 먼저 대표가 "상임이사를 믿으니까요."라고 답했다. 그랬더니 상임이사는 "나는 대표가 나를 믿는다는 것을 알고 있으니까요."라고 답하며 눈을 찡긋했다. 그리고 그들에게 주민들과 일하는 게 어렵지 않느냐고 물으니 이렇게 대답했다.

"어렵죠. 기술을 가르치는 건 어려워요. 하지만 지역관리기업을 운영하는 것은 그것만이 아니거든요. 주민들은 여기서 오래 살았어요. 우리보다 더 오래 산 사람들도 많지요. 그래서 그들은 지역을 알아요. 누가 어디서 뭘 하는지, 어떤 내력이 있는지, 지역이 어떻게 변해왔는지…. 그래서 우리가 알지 못하는 지혜를 가지고 있지요. 우리가 하는 일은 단지 그들이 가진 지혜가 드러나게 해주고, 그것이 잘 쓰이게 하는 것뿐이에요. 그들이 우리에게 가르쳐주지 않으면 우린 아무것도 할 수가 없는 거지요".

그러하다. 그래서 지역관리기업의 안내서에는 이렇게 쓰여 있다. "주민참여 그 자체가 궁극적인 목적이다."라고.

| 주민들을 위해, 혹은 주민들과 함께

이 책은 함께 발간한 《지역관리기업, 사회관계를 엮다》를 보완하고, 거기에서 한걸음 더 나아가 지역관리기업과 관련된 실천의 의미를 알뜰히 살펴보기 위해 쓴 것이다. 아무리 설립과 운영에 관한 실천 안내서라고 하지만 다른 나라의 상황인지라 쉽게 이해되지 않을 터이고, 모든 실천은 맥락이 있는 법이니 의미를 파악하기엔 어려움이 따를 것이므로 조금 더 친절하게 짚어주는 것이 필요하다고 판단했기 때문이다. 하지만 이 책이 품은 야심은 조금 더 크다.

흔히 '현장에 답이 있다'고 한다. 하지만 현장은 답을 보여주지도 않고, 미리 정해진 답이 있는 것도 아니다. 그래서 현장에 직접 가서 부딪혀보기도 하고, 각자가 만난 현장에 대해 함께 이야기를 나눠보기도 해야 하며, 그 현장이 가진 역사와 사회적 맥락에 대한 배경을 조사해보는 것도 필요하다. 그런 후에야 그나마 조금이라도 현장이 지닌 의미를 찾아낼 수 있고, 그 의미가 나에게, 우리에게 전하는 메시지를 해석할 수 있게 된다. 그래서 이 책은 지역관리기업과 관련한 실천이라는, 현장에 대한 깊은 이해를 시도한 책이다. 긴 역사를 두고 이어온 그들의 실천의 의미를 조금 더 체계적으로 정리해서 우리의 현장에서 고군분투하는 모든 이들이 곁에 있는 사람들과 함께 나눌 이야기 거리가 되었으면 하는 바람으로 쓴 책이다. 그 현장이 도시재생이든, 마을기업이든, 자활이든, 그 모든 것을 아우르는 사회적경제이든, 그곳에서 자기 이야기를 발견할 수 있기를 바란다.

설탕 한 숟갈이면 쓴 약을 삼킬 수 있듯, 모든 일엔 약간의 즐

거움이 있다고 한다. 이 글이 먼 길 가는 데 약간의 즐거움을 주는 길동무가 되기를 소망한다.

| 평범한 도시 주민의 생활권을 보장하는
도시 관리 정책을 위하여

한 가지 더 소박한 소망이 있다. 도시에 사는 한 사람의 주민으로서 평소 늘 느끼던 문제이지만 어디서부터 어떻게 풀어야 할지 몰라 묻어두었던 속내를 드러내려 한다.

도시의 어디에 살건, 특히 수도권 지역에서는 거의 매일 부수고 새로 짓는 공사 때문에 조용히 살 수가 없다. 귀를 찢는 듯한 기계 소리, 바로 옆에서 지진이 난 것처럼 땅이 흔들리며 덜덜거리는 진동, 때로는 주말 아침에도 강행하는 공사 때문에 놀라서 깰 때도 있다. 대학가 주변 동네에서는 사람 세 명이 나란히 손잡고 걸어가면 막힐 정도의 골목에서 원룸을 짓는다고 연일 공사를 해서 환장하겠다는 이들도 있다. 재개발 구역이 아니라도 근처에 호재가 생기면 바로 단독주택은 뜯기고 빌라와 고층건물이 들어선다. 사시사철, 엎어지면 코 닿을 데에서 때로는 서라운드 스피커처럼 사방에서 공사가 진행된다. 낮이라도 모든 이들이 학교 가고 일터로 나가는 게 아닌데, 집에서 살림 살고, 일하고, 애 키우고, 가족 돌보고, 거동이 불편해서 나가기 힘든 사람도 많은데 도저히 쉴 수가 없다. 건축과 재건축은 경기가 좋을 때 진행되는지 몰라도 주민들은 고통스럽다. 가끔 고통스러운 건 괜찮은데 일 년 내내 고통스러운 건 참아야 할까?

도대체 왜 같은 지역에서 사방에서 동시에 공사를 하도록 허가를 하는지 궁금하고, 왜 주택가에서 귀청이 떨어질 듯한 공사 소음을 내는 걸 허락하는지도 궁금하고, 왜 공사장 근처 길가에 온갖 자재를 쌓아두고 길을 막아도 단속 안 하는지 궁금하고, 공사중인 건물 외관을 둘러치지 않고 훤히 보이게 내버려두는지도 궁금하다. 시끄럽고 위험하고 방해가 되는 그 모든 것들을 참으며 살아야 하는 것이 도시 생활자의 의무인가?

또 하나, 주택가에서 단독주택을 허물고 새로 짓는 주택의 대부분은 화재에 취약하다는 필로티형 빌라다. 마당이 있고 담 너머로 나무와 꽃이 있던 주택은 허물고 1층에는 주차장을 짓고, 베란다엔 에어컨 실외기가 여름내내 더운 공기만 뿜어대는 빌라만 늘어간다. 건물 앞과 옆에 화단이 있는 곳은 거의 없다. 안심하고 걸어가던 동네 길은 차만 보고 걸어가야 하는 삭막한 길이 되었고, 그조차도 언제 어디서 튀어나올지 모르는 차 때문에 조심하며 걸어야 한다. 아이들이 동네에서 놀 수가 없다. 동네 한복판은 쓰레기 봉투와 재활용 쓰레기 더미가 눈살을 찌푸리게 한다. 그런데 동네 어르신들이 가꿀 텃밭도 화단도 없다. 더운 여름날 그늘을 만들어 쉬게 할 커다란 나무도 없고, 그 아래에서 수다 떨며 놀 수 있는 평상도 없다. 주민들이 쉴 곳도, 만날 곳도 없고, 걸어 다닐 길도 마땅찮다.

지구온난화로 폭염은 계속된다 하는데 그 온난화를 가속화하는 에어컨을 사는 것 외에 다른 방법이 필요하지 않을까? 도시 한복판이라도 야트막한 산 옆으로 걸어가면 온도가 다르다. 마을에 나무와 꽃이 있다면, 구석구석에 화단이 있고 텃밭이 있다면, 옥상에 정원이 있다면, 그늘을 만들어줄 지붕이 있고 차양이 있다면, 땅을 식혀주고 그늘을 만들어주고 시원한 바람을 만들어줄 것이다. 에어컨 살 돈을 벌게 하고 전기세 낼 돈을 깎아주는 정책이 아니라 지구온난화의 주범인 도시를 바꾸는 정책이 필요한 때이다. 우리는 경제위기만이 아니라 생태위기 또한 겪고 있고, 그 문제의 대부분은 도시가 양산하고 있다.

이러한 때에 서민을 위한 임대주택 단지에서만이 아니라 도시 대부분의 지역에, 주택가 구석구석에도 도시 관리 정책이 필요하다. 그리고 그 정책의 목적은 그곳에 사는 주민들이 좀 더 쾌적하게 살 수 있는 것이어야 하고, 주민들이 관계를 맺을 수 있는 공간이 있어야 하고, 아픈 지구를 살리는 것이어야 한다. 막대한 돈을 들여 벌이는 공사가 아니라 폐자원을 활용하고 망치와 못과 나무 정도만 있어도 되는 것들로 시작할 수 있는 것이라면 더 좋겠다. 마을 주민들이 쉽게 참여할 수 있는 것들이면 금상첨화일 것이다. 그러한 마을을 가능하게 하는 도시정책과 도시 관리 방안이 마련되어야 할 것이다. 그래서 지역 관리기업의 문제의식이 확산되어 주민 중심, 관계 중심, 정주 목적, 생태적인 목적의 도시정책이 논의되고 제안되어 실행되기를 바란다.

이러한 소망이 불가능한 꿈이라고 말하지 않았으면 좋겠다. 그렇다 해도 나는 계속 소망할 것이고, 그 소망이 실현되도록 민들레 홀씨를 퍼트려 나갈 것이다.

1장

사회적경제의 관점에서 본
지역관리기업운동의 의미

지역관리기업의 조직형태는 결사체인 '어소시에이션associa-tion'이다. 프랑스를 비롯한 유럽에서 어소시에이션은 협동조합이나 공제조합과 더불어 대표적인 사회적경제 조직으로 분류된다. 결사체의 모든 회원은 평등하게 1인 1표를 가지고 참여하며, 민주적으로 의사결정을 하고 자율적으로 운영된다. 이정도는 웬만한 사람이면 다 아는 얘기지만 사실 처지와 조건이 다른, 지역 주민들이 결사체로 묶인다는 건 상상하기 어렵다. 게다가 서민임대주택과 같이 살기 어렵고 여유가 없는 이들이 많은 곳에서, 처지와 조건이 다른 이들이 같은 목적을 가지는 결사체를 만든다는 건 언감생심, 꿈이나 꿀 일인가!

그래서 지역관리기업에 대해 얼핏 들은 이들은 이렇게 반응하곤 한다. 프랑스는 선진국이니까, 잘사는 나라라서 사람들이 여유가 있으니까, 혹은 그 나라는 민주주의가 발달해서 사람들이 토론하고 회의하는 민주적인 문화에 익숙하니까… 한마디로 남의 나라 얘기지 우리와는 달라, 라고 재단하곤 한다.

하지만 지역관리기업이 설립된 지역과 그곳에서 일하는 사람들의 처지를 잘 살펴보면, 그들이 우리가 생각하는 것만큼 그렇게 좋은 조건에서 팔자 좋게 활동하는 것이 아니라는 점을 금방 알 수 있다. 어떻게 아무것도 가진 것이 없는 이들이 서로 도울 수 있게 되었을까? 어떻게 살기조차 힘든 이들이 결사체를 만들어 운영할 수 있었을까? 어떻게 사회관계를 엮으며 주민이 지역의 주체가 될 수 있었을까? 이 모든 것은 지역관리기업이라는 조직이 가지는 관점과 원칙에서 비롯된다. 그래서 이 모든 질문에 답하려면 우선 지역관리기업이 어떤 관점을 가지고 어떻게 운영되는지 살펴보아야 할 것이다.

지역관리기업의
관점과 원칙

| 관계 속에 있어야 시민의식을 가질 수 있다

'지역관리기업 설립과 운영을 위한 실천 안내서(이하 안내서)'
의 제목을 '사회관계를 엮다'로 정한 것을 보면 지역관리기업
의 목적이 무엇인지 알 수 있다. 바로 지역의 주민 한 사람 한
사람이 따로 존재하는 것이 아니라 서로 관계를 맺도록 하는
것이다. 이러한 관점은 이론에서 나온 것이 아니라 실천적 경
험에 바탕을 두고 있다. 그래서 사회관계를 엮는다는 것은 다
른 말로 표현하면 지역의 주민들이 시민의식을 가지고 지역 일
에 참여하도록 하는 것이라고 풀이할 수 있다.

지역관리기업은 마을을 무대로 활동하다. 왜냐하면 사회관
계라는 것은 한없이 넓을 수도 있고 좁을 수도 있지만 가장 가

까운 곳에서부터 시작해야 할 필요성을 느꼈기 때문이다. 그 작은 공간에서의 만남을 시작으로 관계를 형성하고, 그것을 기반으로 점차 이웃마을과 도시 전체, 전국 단위와 세계로 확장해 나가도록 도모한다.

그러기 위해서는 우선 자신이 일상을 보내는 마을이 단지 잠만 자는 곳이 아니라 자신에게 필요하고 의미 있는 곳이 되어야 할 것이다. 그래서 지역관리기업은 자활지원 사업을 할 때 마을의 주민들을 채용한다. '주민'이라는 것이 첫 번째 조건인 것이다. 두 번째 고려사항은 단지 주민일 뿐 아니라 그 주민이 얼마나 지역을 알고 소속감을 가지고 있느냐이다. 즉, 마을과 어떤 관계를 맺고 있느냐를 중요한 '자질'로 보는 것이다. 노동시장에서 인정받을 수 있는 자격증이나 기술, 경험이 별로 없는 이들에게 이것 외에 무엇이 더 중요하겠는가?

2012년에 청주 성화동에 있는 임대아파트를 중심으로 활동하는 '함께 사는 우리(이하 함사우)'라는 단체를 조사한 적이 있다.* 함사우는 본격적 활동을 하기 전인 2010년에 주민들의 생

---

* 이에 대해 좀 더 자세히 알고 싶은 독자는 2012년 한국도시연구소 소액연구지원사업의 일환으로 발간된 〈사회적경제와 지역사회운동의 접점 찾기〉라는 보고서를 참조하기 바란다.

활환경 및 욕구조사를 한 적이 있는데, 그 결과 마을공동체 형성을 위해 가장 필요한 것이 무엇이며, 어떤 방향으로 활동해야 하는지 깨달았다고 한다. 왜냐하면 조사대상 주민(192명) 중 약 30%가 이웃이 1~3명뿐이며, 아무도 모른다는 이들도 18%나 된다는 결과가 나왔기 때문이다. 가족 이외에 핸드폰에 저장된 사람이 1~2명뿐인 경우도 많았다고 한다. 즉 주민의 18%는 만나는 이웃이 하나도 없으며, 30%는 아는 사람이 하나둘뿐이라는 것이다. 관계의 빈곤함이 심각할 정도였다.

주민들의 욕구조사에서 드러난 가장 중요한 문제는 일자리를 통한 소득증대였지만, 그들 중 다수는 여건이 나아지면 그곳을 떠나겠다고 했다. 주변 환경을 조사해보니 별로 걸어 다닐 만한 곳도 없었다. 그곳은 살고 싶은 곳이 아니며, 친한 사람도 별로 없고, 사람들과 만날 기회도 없는 곳이었다. 그러니까 그 지역에는 마을공동체라는 것이 형성될 수 있는 상황이 아니었던 것이다.

관계의 빈곤함은 삶의 빈곤함과 무관하지 않다. 예컨대 요리를 하는데 마늘이 떨어졌을 때 이웃에 빌려달라고 할 수 있으면 얼마나 편하겠는가? 그렇지 않으면 동네 편의점에 가서 사야 하거나 아니면 저 멀리 있는 가게나 마트까지 가야 할 수도 있다. 어디 이런 생활의 불편함뿐일까? 일자리를 구하는 일도 마찬가지다. 나이가 들었거나 가난한 사람들이 채용정보 사이트나 고용안정센터를 통해 일자리를 구하는 경우는 별로 없다. 많은 경우 알음알음으로 사람을 구한다. 아르바이트, 파트타임, 한시적 일자리 등 지역사회의 많은 일자리가 그렇게 관계를 통해서 채워지는 경우가 많다. 그러니 관계가 '사회적 자본'이라는 말이 생기지 않았겠는가.

사실 함사우에 속한 사람들은 그 이전에 일자리창출 사업도 하고 사회적기업도 설립한 경험이 있다. 하지만 그 활동을 통해 지역사회가 변했는지 살펴보니 이전과 별반 다르지 않았다는 것을 알 수 있었다. 그것은 사회적경제 활동을 통해 사람들 간의 관계가 더 호혜적이고 연대적으로 변하지는 않았다는 뜻이다. 관계가 변화하지 않으면 일자리가 창출되고 사회적기업이 설립되어도 그것은 지역사회 내 고립된 섬으로 존재할 뿐, 지역사회를 변화시킬 힘이 되지 못한다.

내가 사는 곳에서 주인이 되어야 한다

지역관리기업의 중요한 활동 중 하나는 장기 실업자 및 비숙련 주민들에게 일자리를 제공하는 것이다. 이 자활지원 사업이라는 것이 프랑스에서는 '경제활동을 통한 사회통합'이라고 불린다. 그 까닭은 경제활동을 하지 않으면 단지 생활의 어려움을 겪는 것만이 아니라 사회에서 소외되고 배제되기 때문이다. 즉, 경제의 문제가 곧 사회의 문제가 된다는 것이다. 그렇기 때문에 사회의 문제를 해결하려면 경제적 문제를 해결해야 하고, 경제활동의 목적은 사회의 문제를 해결하는 데 기여하는 것이라는 논리가 나온다.

그런데 사회에 통합된다는 것이 단지 일자리를 얻고 돈을 번다고 되는 것은 아니다. 그리고 기술을 배우고 자격증을 딴다고 일자리를 얻을 수 있는 것은 아니다. 혼자 가게를 내서 장사를 하든 회사에 취직을 하든, 사람들 사이의 관계와 조직 내에서의 관계 속에서 자신이 해야 할 일, 지켜야 할 규칙을 따르며 주체적으로 활동해야 한다. 그 문화에 적응하고, 익숙해지는 과정이 있어야 하고, 그것을 지속할 수 있는 책임감도 있어야 한다. 그 모든 자질은 그냥 형성되는 것이 아니라 연습과 훈련을 해야 갖출 수 있다.

그래서 안내서인《지역관리기업, 사회관계를 엮다》의 2장에서 보듯 지역관리기업들은 단순히 자격증을 목표로 하는 훈련에만 만족하지 않으며, 주요한 사명인 시민참여를 위한 교육 프로그램을 설계하고 제안한다. 실제로 지역관리기업 전국네트워크는 다양한 주체들이 자신이 살고 있는 지역과 도시, 그리고 국가에서 공적 생활에 참여할 수 있게 도와주는 교육 프로그램을 제공한다. 특히 '주체 되기'라는 이름의 연수 프로그램이 있는데 이 프로그램이 운영되는 방식은 다음과 같다.

첫 번째 원칙은 만남이다. 연수 프로그램은 지역관리기업 직원, 이사 그리고 공무원, 기업가, 지자체 의원, 민간단체 책임자 등 다양한 파트너들을 대상으로 한다. 이들은 서로 만나서 자신들의 세계를 보는 법과 일하는 법을 서로 맞닥뜨리게 된다. 이 만남은 서로 다른 사람들 간의 만남이기도 하지만 서로 다른 지역 간의 만남이기도 하다. 이 연수 프로그램은 옮겨 다니면서 진행되기 때문에 참가자들은 프랑스 어느 도시에서나 서로 다시 만날 수 있다. 어떤 직종의 사람들에게는 이동이 평범하고 쉬운 일이지만, 취약지역 주민들에게는 지역에서 벗어나는 것 자체가 하나의 모험이다. 여하튼 자신들과 비슷한 상황의 다른 주민들과의 만남, 그리고 다양한 장소의 특징들에 대한 정보교환은 이 교육 프로그램이 갖는 모험적인 성격의 한 부분이다.

두 번째 원칙은 책임감 고취이다. '주체 되기'는 정보를 주는 것이 아니라, 참여를 독려하는 것이다. 행동을 할 수 있는 수단을 제공하며, 시민 참여의 조건들을 분명히 한다. 또한 '상대적'이라는 말의 의미를 이해하고, 모험을 감수하고 주도성을 가지도록 고무하며, 네트워크를 좀 더 잘 이해할 수 있도록 해준다.

│ 주민 참여 그 자체가 궁극적인 목적이다

《지역관리기업, 사회관계를 엮다》는 일종의 설립과 운영 매뉴얼이지만 기술적인 문제만 다루어지는 것이 아니라 곳곳에 그들의 내공이 느껴지는 관점과 사고방식, 운영의 원칙이 보인다. 그중 주민 참여에 대한 관점에서 뻔한 듯하지만 놓치지 말아야 할 중요한 점이 발견된다. 주민의 참여가 사업의 질적인 측면을 더 높여준다는 점, 사업이 먼저가 아니라 주민이 직접 실행하는 것 자체가 지역관리기업의 독창적인 실천이라는 점이다. 안내서의 1장을 보면 지역관리기업의 수익사업이 도시관리인데 그 경제활동이 가지는 궁극적인 목적이 무엇인지 알 수 있다.

"지역관리기업이 설립되는 곳은 대개 도시 관리가 잘 안 되거나 눈에 띄게 안 되는 곳이다. 따라서 지역관리기업의 첫 번째 개입 지점은 마을을 청소하고, 유지·보존하고, 아름답게 가꾸는 서비스를 제공하는 것이다. 하지만 이게 다가 아니다. 왜냐하면 지역관리기업은 지금까지 없던 새로운 방식으로 일을 진행하기 때문이다. 바로 주민을 참여시키는 것이다. 이를 통해 이들의 도시 관리 기술은 더욱 빛나고 가치 있는 것이 된다.

주민 참여는 단순히 지역관리기업이 제공하는 서비스에 따라붙는 혜택이 아니다. 주민 참여 자체가 지역관리기업이 제공하는 서비스다. 기업의 언어로 말하자면 이를 경영 비법이라 부를 수 있을 것이다. 하지만 지역관리기업에 있어 주민 참여는 경영의 차별성을 넘어 그 자체로 궁극적인 목적이라 할 수 있다."

지역관리기업은 결사체association이지만 스스로 기업으로서의 정체성을 갖는다. 그렇지만 그 기업이 펼치는 경제활동의 궁극적인 목적은 영리 추구에 있지 않고 주민 참여에 있다. 지역에서 만든 기업이 지역 주민을 중심에 두지 않으면 무엇으로 경쟁력을 가질 것인가? 그들을 노동자로 채용해서 일자리를 제공한다는 지원과 시혜의 관점이 아닌 것이다.

마을의 공동체성을 강화하되
열린 마을이 되어야 한다

'주체 되기' 연수 프로그램의 운영에서도 보았듯이 연수의 중요한 운영 원칙은 '만남'이다. 그래서 이웃과 만나고, 지역관리기업이라는 결사체 내 다른 이해당사자들인 공공 부문이나 사회주택 사업자들과도 만남을 통해 조직을 운영한다.

이러한 만남을 통하여 우선 마을이라는 제한된 범위 안에서 주민들 간의 관계성을 강화하는 것이 지역관리기업의 목적이자 우선 과제이다. 그래야 그 관계에 기반하여 주민들의 협동된 힘을 발휘할 수 있다. 하지만 이 단계에만 머물러서는 안 된다는 것을 지역관리기업은 알고 있다. 왜냐하면 그 관계가 자기들끼리만 좋고 이방인이나 다른 마을에 대해서는 배타적이고 이기적인 '끼리끼리'의 문화가 될 수 있기 때문이다.

한때 우리 나라에서도 '님비현상'이라는 말이 유행한 적 있다. 'Not In My Back Yard', 해석하면 '우리 집 뒷마당에는 안 된다'는 뜻이다. 사람들이 필요성을 인식하면서도 그 시설이 들어섰을 때 영향을 끼칠 여러 가시 위해 요소 때문에 근처 지역에 들어서는 것을 꺼리는 현상을 일컫는 표현이다. 이 말에

숨은 의미는 '우리 집 마당에는 안 되고 남의 집 마당이라면 상관없다'라는 뜻이다.

대표적인 예가 쓰레기 소각장 건설에 반대하는 경우다. 주민들의 요구는 쓰레기 소각장이 필요하지 않으니 짓지 말라는 것이 아니다. 왜 그 혐오시설을 하필 우리 지역에 짓느냐는 항의다. 최근에는 서울의 한 구에서 장애아동을 위한 특수학교 설립 문제를 놓고 주민들이 찬반으로 나뉘어져 첨예하게 대립하는 모습을 보였다. 찬성하는 주민들은 장애아를 둔 부모들과 이에 동조하는 주민들이었고, 반대하는 주민들은 상업활동을 하거나 심지어 해당지역 국회의원까지 포함되어 있었다. 장애아동의 학업 문제는 그들의 일이 아니라는 생각, 그러니까 자신들이 거주하는 지역에 설립하지 말라고 강력하게 요구한 것이다. 주민들 간에 서로의 처지를 이해하고 관계성이 있었다면 그렇게 첨예하게 대립하고 갈등이 빚어지지는 않았을 것이다. 심지어 지역의 정치인도 한쪽 편을 들었으니 이런 갈등에 한몫을 한 셈이다.

외부와의 만남을 기획하는 또 다른 이유는 사실 마을이라는 공간에서 벌어지는 여러 가지 일 또한 사회 전체의 문제나 세계적인 문제와 무관하지 않기 때문이다. 그래서 마을 내 직장이나 학교, 거주지에서 생기는 문제를 해결하려면 세상 돌아가는 사정을 알아야 하고, 또 어떤 경우는 다른 지역의 사람들과 연대하여 함께 풀어야 하는 경우도 있다.

예컨대 최근 우리나라에서 최저임금 인상을 둘러싼 갈등을 보자. 최저임금 인상에 반대한 이들은 편의점이나 프랜차이즈 가맹점의 점주들이었다. 그들은 대부분 알바생을 구하고, 그 알바생들은 동네 사는 주민이다. 그런데 최저임금은 편의점 점주와 알바생들이 평등한 관계 속에서 자율적으로 협상해서 정할 수 있는 사안이 아니다. 그러니 어느 한 지역에서 벌어지는 일들이 어디 그 지역에서만 다룬다고 해결될 것인가? 만약 소상공인연합회나 프랜차이즈 가맹점주들의 연합 조직과 알바생들이나, 일용직들의 연합회가 서로의 처지를 안타까워하며 연대했다면 상황은 달라졌을지도 모를 일이다. 그러기 전에 우선 한 지역의 편의점 점주와 알바생들이 함께 의논하여 공동의 대책을 세우자고 뜻을 같이하고, 다른 지역에서도 그렇게 해서 지역별 의견이 전국으로 모였다면 대정부 협상력이 강화되어 좀 더 지혜로운 대책이 마련되었을 수도 있다. 그랬다면 알바생은 일자리를 잃지 않고, 점주는 손해를 보지 않는 상생의 길을 찾을 수도 있지 않았을까?

이러하기에 마을은, 즉 마을의 주민은 더 넓은 사회와 세상의 돌아가는 이치를 알고 생각하고 판단하고 행동하는 것이 필요하다. 그래야 마을 간, 지역 간, 나라 간 갈등과 불평등도 줄어들 수 있을 것이다. 이런 까닭에 지역관리기업은 사회관계를 엮되 마을이라는 제한된 지역을 벗어날 기회를 제공한다. 그리고 이를 통해 구성원들은 더 폭넓은 사회 경험을 하고, 그 경험으로 얻은 성찰로 책임 있는 시민이 되어간다.

이러한 점은 사회적경제 조직인 협동조합의 가치에서도 잘 드러난다.

"협동조합은 자조(상부상조), 자기책임, 민주주의, 평등, 공정함과 연대의 가치에 기반을 둔다. 창건자들의 전통을 계승하여 협동조합의 구성원들은 정직, 개방성(투명성), 사회적 책임 및 타인에 대한 보살핌(이타심, 측은지심)이라는 윤리적 가치를 믿는다."[*]

조직의 가치에는 '자기 책임'이라고 되어 있는데 구성원들을 위한 가치에는 '사회적 책임'이라고 되어 있다. 이는 협동조합이 조합원들의 조직이므로 (지역)사회와 분리되어 조합원들

---

[*] 이 부분은 《깊은 협동을 위한 작은 안내서》(김신양 지음, 모심과살림연구소, 2017)에서 인용했다.

만의 필요와 열망을 배타적으로 실현할 가능성이 있기 때문이다. 유럽의 경우 1973년에 발생한 석유 파동 이후 사회적 배제 문제가 만연했을 때 다수의 오래된 협동조합 조직이 사회적 문제와는 무관하게 자신들만의 사업을 영위하여 비판을 받기도 했다.

특히 '타인에 대한 보살핌'은 협동의 바탕이 되는 타인에 대한 고려와 보살피는 마음이다. 이는 내가 남과 다르지 않다는 생각에서 기반하는데, 연민이나 측은지심(惻隱之心) 혹은 유교의 인(仁)과 다르지 않다. 협동은 나의 필요와 열망을 버리지 않되 늘 내 옆의 사람과 지역 사람들을 함께 보살피는 생활태도에서 비롯된다는 것이다.

어떻게 보면 협동조합을 하면서도 '나' 중심, 내 욕구와 내 열망 중심으로 생각을 할 수 있다. 그래서 가치에는 사회적 책임, 개방성, 정직, 보살핌 등 자기를 벗어나기 위해 노력하라는 뜻이 담겨 있다고 해석할 수 있을 것이다. 나 혹은 조직 안에만 매몰되지 않고 사회적인 사람으로 살아갈 수 있도록 중심을 세워주는 것이다.

| 주민을 조직하면 정치적 힘을 가질 수 있다

2008년에 사회적기업 함께일하는세상과 같이 지역관리기업 전국네트워크의 사무총장을 방문하여 인터뷰를 한 적이 있다. 그때 함께 방문한 많은 이들이 지역관리기업이 어떻게 그렇게 지자체와 잘 협력할 수 있는지 부럽다면서 비법이 무엇인지 물었다. 물론 함께일하는세상뿐 아니라 방문했던 많은 단체나 그룹이 똑같은 질문을 하곤 했다. 그만큼 한국에서는 지자체와의 관계가 껄끄럽고 어려우며 평등하지 않기 때문이다. 당시에 부께나이씨Boukhenaissi 사무총장이 이런 충고를 했다.

"개별 사회적기업이 정부와 상대하는 것은 쨉이 안 된다. 집단의 힘으로 가야 한다. 주민을 조직하면 정치적 힘을 가진다. 사회적기업이 어떤 식으로든 주민을 개입시킴으로써 힘을 키우는 방식을 가장 많이 고민해야 한다."

당시 그의 충고가 나뿐 아니라 연수에 참여했던 모든 이들에게 큰 울림으로 다가왔던 기억이 있다. 사회적경제 조직은 무슨 힘으로 시장에서 살아남고 정부나 지자체와 평등한 파트너십을 가질 수 있을 것인가? 주민 참여 자체가 서비스고 경쟁력이 되지 않으면, 주민이 조직되지 않으면 경제적 힘도 정치

적 힘도 가질 수 없다는 것을 지역관리기업의 설립자들과 경험
자들은 깊이 깨닫고 있었던 것이다. 주민의 관계망을 강화하면
마을공동체가 형성되고 그 지역에서 정치적 힘을 가질 수 있게
된다. 그래서 지역개발에 참여하는 것뿐 아니라 지역의 정치에
서 주민이 주체가 되는 참다운 민주주의를 실현하는 데 기여할
수 있게 되는 것이다. 어찌 보면 사회적경제 조직이 사람들의
결사체라는 것에 이미 그 답이 있었는데 자각하지 못했던 것이
아닐까? 멀리 가서 답을 구할 것이 아닌 것을….

지역관리기업운동이
낯설지 않은 까닭

지역관리기업의 역사와 하는 일을 보면 여러 가지가 떠오른다. 우선 지역관리기업이라는 모델이 만들어지기까지 그 기원이 되었던 역사를 살펴보면, 재개발을 위한 철거에 반대하던 철거민 투쟁이랑 노점상 철거에 반대하던 한국의 도시빈민운동과 닿아 있다. 그리고 알마갸르 마을 주민들이 모여서, 아니 좀 더 적극적으로 참여하여 주민들을 위한, 주민들에 의한 개발이 되도록 도시민중작업장을 만든 역사는 또 한국의 도시빈민운동의 주체들이 모여 부업장을 만들어 소득을 늘리고 자활을 모색하면서 시작된 자활지원 사업과 닮았다. 또한 서민임대주택을 중심으로 만들어졌다는 것과 그 설립 주체들 중 다수가 사회복지사인 점은 우리나라의 임대아파트를 지원하는 지역사회복지운동과도 비슷하다.

어디 이쁜이랴? 지역 주민들과 공공 부문(지자체), 그리고 사회주택과 같은 다양한 이해당사자들이 모여 함께 결사체를 만드는 방식은 이탈리아에서 시작된 사회적협동조합의 조직형태와도 유사하다. 이처럼 지역관리기업은 한국 사회에서 이루어진 다양한 사회적 실천과 비슷한 측면이 있으며, 현재 진행되는 사회적경제 실천활동과도 접목될 수 있는 여지가 많다. 그래서 이 장에서는 지역관리기업운동이 지니는 다양한 의미를 한국의 사회적 실천의 역사 및 사회적경제 활동과의 관계 속에서 살펴보고자 한다.

│ 주민운동 또는 대안적 지역개발운동으로서의 지역관리기업운동

한국의 주민운동은 다양한 투쟁과 실천을 통해 조직되었다. 과거에는 도시빈민운동이라고 불린 이 운동은 거리 정비를 위해 노점상을 금지할 때 온몸에 쇠사슬을 묶고 저항했던 역사가 있다. 특히 재개발을 위해 빈민 밀집지역을 철거할 때에는 철거민늘이 반대투생을 하기도 했다. 이 모든 문제의 발단은 '개발'에 있다. 지역을 개발한다는 것이 그 지역에 사는 주민들의 필요와 열망을 담은 것이 아니라 낡은 것을 부수고 새로운 것을 건설한다는 논리였던 것이다. 그리고 그 개발의 주체는 정부이고 시행자는 건설업자였으며, 개발로 인한 이익은 건설업자나 건물주, 금융조직에게로 돌아갔다. 그 지역의 주민들은 개발의 주체가 될 수 없었으며, 개발로 인해 혜택을 누릴 수 없을 뿐만 아니라 오히려 개발로 인해 지역에서 내몰려야 하는 상황에 맞닥뜨리게 되었다. 88올림픽이 결정되었을 때 서울의 빈민 밀집지역과 노점상들은 철거대상이 되었다. 미관상 좋지 않다는 게 이유였, 그 미관은 누구에게 예쁘게 보이기 위한 단장일까?

　이런 문제는 아직도 도시 곳곳에 존재한다. 서울의 한복판에 자리 잡은 오래된 마을인 장수마을에 '동네목수'라는 마을기업이 설립된 까닭도 앞서 말한 것과 같은 문제 때문이다. 장수마을의 경우 재개발이 된다 하여 외지인들이 그곳의 집과 땅을 샀지만 그들의 목적은 개발로 인해 이득을 보는 것이었기에 낙후된 주거를 보수하거나 수리하지도 않았다. 하지만 예정된 개발 계획은 무산되었고, 지자체는 도로 정비도 하지 않고 낙후되고 위험한 시설을 관리하거나 수리하지 않았고, 가스조차 들어오지 않았다. 그런 마을에 오랫동안 살아온 주민들은 자신들이 살고 있는 집이지만 땅의 소유권을 가지지 않았다는 이유만으로 이러지도 저러지도 못하는 상황이었다.

그러한 곳에 2009년부터 '대안개발연구모임'이라는 이름으로 활동가들이 정착하여 주민들과 관계를 맺기 시작했다. 하지만 대안적인 개발을 논의한다고 해서 오늘을 살아가야 할 주거문제가 해결되지는 않는다. 주민들의 정주성이라도 확보되어야 향후 무언가를 도모할 수 있으리라는 생각으로 동네목수라는 마을기업을 만들어 주민들의 집을 수리하기 시작했다. 하지만 동네목수가 한 일은 수리하고 돈 버는 것만이 아니었다.

다양한 프로그램(행사, 사진 및 어린이 미술 교실)을 통하여 마을 주민들 간 만남의 장을 제공하고, 지역 자조모임을 구성하는 데 한몫하여 주민들 간의 '소통'을 도모하는 등 지역사회 활성화에 기여했다. 시작은 대안개발연구모임이라는, 외부에서 온 활동가들이었으나 마을 주민이 참여한 동네목수를 통하여 주민 중심의 주체가 형성되기 시작했다. 동네목수를 중심으로 주거문제를 해결하고, 주민의 경제활동을 지원하며, 다양한 문화활동 등을 함으로써 주민의 자체 역량을 키워나갔다.

상수마을을 방문하고 조사하면서 가장 인상 깊었던 에피소드가 있다. 마을의 낡은 집을 수리하고 보수하여 마을 주민이 운영하는 카페를 만들었는데. 그곳 화장실이 계단으로 되어 있어서 장애인이나 거동이 불편한 노인들이 접근하기 어려웠다. 그래서 길 한쪽에 장애인용 휠체어가 올라갈 수 있는 오르막길을 내려고 했는데, 그 카페 맞은편에 사는 주민 한 분이 극렬하게 반대했다고 한다. "길은 넓히는 것이지, 좁히는 것이 아니다"라는 이유로. "초가집도 없애고, 마을길도 넓히고~" 그런 새마을운동의 이념을 체화한 분이었기 때문인지 모르겠지만 그 어르신이 반대한 근거는 단지 그것이었다. 확고부동한 신념 체계를 가진 그 어르신의 반대에 부딪힌 동네목수는 매일매일 그분을 찾아가 설득하고 부탁하여 결국 합의를 이끌어냈다. 서로 조금씩 양보하여 애초에 계획했던 공간보다 축소하여 오르막길을 내고, 화장실은 조금 더 작게 하기로.

이 에피소드는 참 많은 것을 말해준다. 장애인이나 거동이 불편한 노인을 위한 계획이 분명 가치 있고 올바른 일이라 해도 한 사람의 주민이 지닌 사고체계와는 상반될 수 있다. 하지만 그렇다고 해서 그 주민의 생각이 잘못되었다고 무시하고 공사를 추진했다면 동네목수는 그 분에게서 신망을 잃었을 것이다. 단지 한 사람과 빚어진 의견 충돌이었지만 그런 일이 한두 번일 뿐이라는 보장이 없다. 마을에서 주민운동을 한다는 것은 그렇게 서로가 서로를 알고 인정하는 것에서 시작되는 것이다. 그렇게 하지 않으면 계속 반대 입장에 선 이를 버리고 가게 되고, 그러면 결국 편이 갈라질 수밖에 없을 것이다.

지역관리기업의 역사가 시작된 것도 그러했다. 주민들과 지속적인 관계를 맺기 위하여, 주민 스스로 토론하고 결정하는 공동의 장, 공론의 장을 마련하기 위하여 도시민중작업장을 만들었다. 그러한 초기의 경험을 계승하고 정착시키기 위하여 지역관리기업이라는, 주민이 주체가 되는 결사체를 고안해낸 것이다. 장수마을의 동네목수와 주민협의회가 하는 일도 크게 다르지 않다. 조금 더 살 만한 곳, 이왕이면 살고 싶은 곳으로 만들기 위하여 산더미처럼 쌓여 있던 쓰레기를 치우고 정자를 만들고 주민들이 오순도순 모여 얘기 나눌 수 있는 평상을 만들었다. 언론을 통해 이러한 일들이 차츰 알려지자 이주해오겠다는 이들이 있었으나, 그렇게 하나둘 알려져서 혹시 장사꾼과 투기꾼들에 의해 주민들이 내몰리지 않을까 싶어 외지인의 유입도 관리했다. 그 이유는 한 가지다. 주민운동이든 대안적인 지역개발이든 그곳에 사는 주민들을 위한 것이어야 하고, 그들의 삶의 터전을 파괴하지 않아야 하기 때문이다.

자활지원 사업으로서의 지역관리기업의 활동

한국에서 자활지원 사업이 본격화된 것은 1999년 국민기초생활보장법이 제정된 후 자활급여가 신설된 후인 2000년부터다. 하지만 그 전에 1995년부터 자활지원센터가 도시빈민 밀집지역에서 시범사업으로 활동을 했다. 자활지원센터는 한국에서 사회적경제가 채 알려지기 전인 1990년대부터 도시빈민운동 진영에서 추진한 노동자협동조합운동에서 비롯되었다. 시범사업 당시 자활지원센터는 자발적으로 참여한 주민들과 부업장을 만들어 소득에 보탬이 되도록 하고, 노동자협동조합을 모델로 한 생산공동체를 만들어 자립을 모색하기도 했다. 그들이 창업한 업종은 대부분 봉제나 청소, 집수리 등이었다. 이처럼 과거에 우리나라의 자활지원센터가 저소득층 밀집지역이나 영구임대아파트가 밀집한 지역에서 활동했듯이, 프랑스의 지역관리기업 또한 대부분 서민임대주택HLM 단지가 형성된 마을에서 설립되어 활동한다. 다른 한편, 지역관리기업을 설립하는 주체들 중 중요한 이해당사자가 사회복지사들이다. 한국의 많은 복지관이 과거 영구임대아파트 단지 근처에서 설립되어 운영되었고, 이런 복지관들이 2000년대부터 자활지원 사업에 뛰어들었다. 그리고 지금의 지역자활센터 종사자들 중 다수가 사회복지사 자격증이 있는 이들이라는 점도 지역관리 기업과의 공통점이라 할 수 있다.

그런데 같은 듯하면서도 아주 근본적인 차이점이 두 가지 있다. 하나는 조직의 형태이다. 프랑스의 지역관리기업은 독립적인 결사체association인 반면 한국의 지역자활센터나 복지관은 정부나 지자체의 관리감독을 받는 제도화된 기관institution이라는 점이다. 이 차이는 프랑스의 사회복지사운동이 결사체운동으로 시작되었다는 점과도 무관하지 않다. 엄밀하게 말하면 '사회복지사'라는 표현은 정확한 번역이 아니다. 원래는 '사회적 노동'인 'travail social(영어로는 social work)'에서 나온 것이고, 그 사회적 노동 종사자를 'travailleur social(영어로는 social worker)'라고 한다. 그래서 과거 우리나라 대학에서는 지금의 사회복지학과가 사회사업학과로 불리다가 바뀌게 된 곳도 있다.

어쨌든 사회복지사는 사회적 노동자로서, 아동이나 문제가 있는 청소년 또는 장애인의 특수교육 담당자나 특수교육 종사자, 빈곤계층의 지원을 설계하는 사회구조 담당자, 탁아소나 여름학교 등 사회문화 활동을 지원하고 운영하는 영역의 종사자, 자활지원 종사자였다. 그리고 이들은 사회 변화와 더불어

새롭게 생긴 직업군으로서, 노동자이긴 하지만 영리를 추구하는 기업에 소속될 수 없기에 자발적인 결사체인 어소시에이션에 소속되어 활동한 것이다. 지역관리기업이 결사체 형태를 띠는 것도 이러한 사회적 노동(자)의 전통에서 비롯되었다고 해도 무방하다. 그들의 노동이 사회적인 노동이기에 정부나 지자체의 지원이 필요하지만 관리감독에서 벗어나 독립적이고 자율적으로 운영하려면 결사체 조직의 형태가 필요하다는 것을 알기 때문이다.

지역관리기업과 지역자활센터의 공통점은 청소나 집수리 등 여러 사업단을 가지고 있다는 점이다. 그런데 한국의 지역자활센터에서는 '사업단'의 형태로 운영되다가 '자활기업'으로 독립하는 모델인 반면, 지역관리기업에서는 각각의 사업단이 결사체 조직 내에 통합되어 운영된다는 점이다. 이런 면에서 한국의 자활지원 사업은 창업보육센터의 역할을 하는 반면, 프랑스의 지역관리기업은 단기적인 일자리를 제공하면서 노동시장으로 진입하게 하거나 자체적으로 고용하는 '노동통합'의 성격이 강하다. 그런데 '창업지원'과 '노동통합'이라는 현상으로 드러나는 차이점 뒤에는 동일한 자활지원 사업이라 할지라도 조직의 운영 논리에 근본적인 차이를 보인다.

지역관리기업의 경우 채용한 노동자들 중 일부를 준비시켜 노동시장으로 진입하게 하지만 그들과의 관계가 끊어지지 않는다. 왜냐하면 지역관리기업은 결사체이기에 자활지원 사업에 참여했던 주민들과는 회원의 관계로 남아 있어 마을에서 또 다른 관계로 만나기 때문이다. 그래서 지역관리기업은 실업자나 저소득층의 자활을 지원하는 활동을 하지만 자활지원기업으로 분류되지 않고 스스로를 연대의 경제 조직으로 명명하는 것이다. 또한 이러한 정체성을 지니고 있기에 지역관리기업은 노동통합이라는 서비스를 하면서도 주민의 참여와 사회관계 엮기를 궁극적인 목적으로 두는 것이다.

2장

지역관리기업의
특성

이 책 앞부분에서 이미 말했듯이 지역관리기업을 방문할 때마다 큰 감명을 받았는데 단지 나만 그런 느낌을 받은 것은 아니었다. 함께 방문한 단체가 어느 영역에서 일하는 누구이든 대부분이 고개를 끄덕이며 공감과 존경의 감탄사를 연발하곤 했다. 그 감탄사의 의미를 해석해보면 '참 제대로 잘한다'라고 할 수 있다. 왜 잘한다는 생각이 든 것일까?

그 까닭이 많은 성과를 이루고 눈부시게 발전했기 때문은 아니었으리라 생각된다. 그보다는 꼭 필요하다고 생각되는 일을 제대로 하고 있기 때문이다. 사회적경제에서 가장 기본적이면서도 핵심적인 부분인 '나와 다른 사람을 인정하고, 다름에도 불구하고 공존해야 한다고 생각하며, 한걸음 더 나아가 관계를 맺고 협력하고 연대하는 일' 말이다. 지역관리기업에서 이러한 조직문화가 자리 잡게 되기까지 많은 시간이 걸렸을 것이다. 필요하다는 것을 알면서도 어려움과 장애가 많으면 안 하게 되고, 원칙은 알지만 현실적으로 어려우면 물러서기도 하는 게 인지상정인데, 한결같이 그 길을 간다는 것 자체가 참 소중한 실천이라고 여겨진다.

그런데 나뿐 아니라 프랑스의 많은 연구자들이 지역관리기업에 관심을 가지고 연구를 했다는 것을 알 수 있었다. 또한 프랑스에서 시작된 지역관리기업이 이웃나라인 벨기에와 네덜란드, 독일, 이탈리아와 영국으로 전파되어 유럽 차원의 네트워크를 형성하고 있다*. 무엇이 지역관리기업에 구미를 당기게 하는 것일까? 사람마다 그 이유는 다 다르겠지만 오랫동안 지켜본 결과 그들만의 특성과 독특한 운영 원칙이 있음을 알게 되었다. 그리고 그러한 원칙을 지키기 위하여 겪는 어려움이 많아도 포기하지 않고 끈질기게 지켜온 그들의 노력이 그 특성을 더욱 빛나게 한 것이라 생각된다.

----

* 지역관리기업 유럽네트워크 http://www.aerdq.org/

지배구조
: 협동의 조건

지역관리기업은 아주 특별한 구조를 가지는 결사체이다. 반드시 지역 주민, 지역 단체, 지자체, 사회주택이 공동으로 참여해서 이사회를 구성하고 협동해서 운영해야 한다. 즉 다양한 이해당사자들이 함께 만들고 운영해야 한다는 것이다. 이러한 구조는 이탈리아에서 시작된 사회적협동조합과 아주 비슷하다. 각 집단의 이해는 달라도 공동의 목적을 정하여 운영하는 '다중이해당사자multi-stakeholder' 구조이다. 지역관리기업이라는 명칭을 사용하고자 하는 모든 조직은 이러한 지배구조를 만들어야 하는 조건을 반드시 충족시켜야 한다. 그래야 전국 네트워크로부터 인증(라벨)을 받을 수 있다.

라벨 부여 *조건*에 이것을 포함한 *까닭*은, 협동을 할 수 있는 토대가 형성되지 않으면 지역관리기업이라는 명칭을 사용할 수 없다는 것을 분명히 하기 위해서다. 왜냐하면 첫째, 지역에서 활동하는데 특히 지자체와 관계가 좋지 않으면 어려움을 겪을 수밖에 없고, 둘째, 노동통합을 위한 자활지원 사업을 하자면 시장이 확보되어야 하는데 일반 경쟁 시장으로 진입했다가는 자활지원 활동에 온전히 집중하기 어렵기 때문이다.

각 나라의 상황에 따라 민관의 관계에서 깊이와 밀도가 다르겠지만 어느 곳이든 협력적인 파트너십을 맺기란 여간해선 쉽지 않다. 무엇보다 민간, 공공 각 부문의 운영원리가 다르기 때문이다. 또 표면으로는 드러나지 않는 이유도 있다. 그것은 지역에 따라 지자체나 공공기관의 정치적 성향과 민간단체의 정치적 성향이 다름으로 인해 생기는 상호 불신이나 배타성이다. 그렇다 해도 지역의 문제를 해결하려면 '협치'라는 것이 필요한데 보통의 경우 이 협치의 방식을 보면, 지자체가 자리를 깔면 지역사회의 시민사회 단체가 참여하는 정도의 형식적인 방식으로 운영되는 경우, 또는 지자체의 입맛에 맞는 관변단체들 위주로 참여하게 하여 꼭두각시 노릇을 하게 하는 경우, 아니면 어찌어찌해서 민관 공동으로 기획하고 추진하지만 끊임없는 불협화음으로 갈등만 드러내는 경우 등 우여곡절이 많다.

| 설립과정이 협동의 구조를 만드는 과정

  그래서 지역관리기업을 설립한 후 협력을 모색하는 방식이 아니라 설립 때부터 아예 협동하는 관계를 맺을 수 있는 방안을 고안한 것이다. 하지만 의지가 있다고 그것이 다 현실화되지는 않는 법. 지역관리기업은 이러한 목적을 이루기 위하여 설립 전 전문가 진단 과정expertise을 두어 1~2년 동안 지역관리기업의 주체가 될 수 있는 사람들을 발굴하고, 각각의 집단이 서로 무엇을 어떻게 협력할지 사전에 논의하고 합의할 수 있는 절차를 가진다.

  전문가라는 제3자의 개입은 중요하다. 직접적으로 이해관계가 얽혀 있지 않으니 상대적으로 객관적인 의견을 제시할 수 있으며, 이러한 점이 설립 주체들이 의사결정을 하는 데 도움이 된다. 또한 지역 주민들 그룹이나 지역 민간단체들과 지자체나 사회주택 등 공공 부문이 직접 관계를 맺기 어려운 측면이 있는데, 전문가가 자리를 주선하고 관계를 맺어주는 역할을 할 수 있다. 또한 전문가는 지역에서 보면 제3자이지만 지역관리기업 전국네트워크의 인정을 받은 사람이니 그의 생각이나 의견을 함부로 묵살할 수도 없는 일종의 권위와 정당성도 확보하고 있기 때문에 일의 추진에도 도움이 된다.

그중에서도 전문가의 가장 중요한 역할은 직접 대면하여 물어보기 어려운 껄끄러운 주제를 꺼내어 직면하도록 하는 것이다. 《지역관리기업, 사회관계를 엮다》를 보면 2장에 다음과 같은 내용이 나온다.

"전문가 진단 과정에서 지역관리기업의 설립 주체들은 현재의 주체들은 물론 잠재적인 주체들과 머리를 맞대고 서로 어떻게 협력할 것인지 이야기하게 된다. 현재와 미래의 주체들이 각자 사업 계획에 대해 어떻게 생각하는지 말하고, 각자 어느 정도 참여할 것인지 서로 가늠해보는 시간을 갖는 것이다. 이때 전문가는 먼저 사업 계획을 가진 이들을 모아 지역관리기업이라는 방앗간을 돌리기 위해 각자 어떤 곡식을 가져올 것인지 묻는다. 가장 먼저 질문을 받는 이들은 지자체와 사회주택 사업자들이다. 전문가는 그들에게 두 가지 구체적인 질문을 던진다.

'설립될 지역관리기업에 어떤 시장을 내놓을 것인가? 앞으로 설립될 지역관리기업의 이사회에서 어떤 역할을 담당할 것인가?'

이들뿐 아니라 임차인 단체, 주민 단체, 중앙정부와 지방정부의 공무원 및 사회복지사들도 질문을 받는다. 전문가는 그들에게 지역관리기업에서 어떠한 역할을 할 것인지, 어떤 방식으로 지역관리기업을 관련 네트워크에 위치시킬 것인지, 그리고 지역관리기업의 주체들과 어떻게 함께할 수 있는지 등에 관해 묻는다."

│ 협동할 준비가 되어 있는지 스스로 판단할 수 있는 근거

이뿐만 아니라 전문가는 지역에서 설립을 준비하는 주체들을 보완하여 확실한 지배구조를 형성할 수 있도록 돕는다. 이를 위해 "전문가는 지역관리기업 운영에 필요하다고 판단되는 주체들을 만난다. 지역 주민, 지역 단체 책임자, 지역노동고용직업훈련국DDTEFP, 사회정책총괄국 대표자, 사회주택 사업자, 지역의 사회복지사 등 다양하다. 전문가는 지역관리기업이 세워질 마을을 파악하는 데 필요한 모든 정보를 수집한다. 마을 곳곳을 방문하기도 한다. 그러다가 때가 되었다고 판단되면 지역관리기업의 협력 주체들을 모아 그들의 결심이 섰는지, 함께 일하며 지역관리기업을 운영할 역량이 충분한지 따져본다."

여기서 분명히 하고 넘어가야 할 것이 있다. 전문가는 답을 주는 사람이 아니라는 점이다. 전문가의 목표는 지역관리기업의 설립을 책임지거나 이끌어가는 것이 아니라 지역의 주체들이 '현실을 제대로 파악'하도록 돕는 것이다. 그는 지역관리기업의 토대가 되는 문서인 헌장이나 매니페스토에 있는 내용을 잘 파악하고 있기에 지역의 설립 주체들이 길을 제대로 가고 있는지 아닌지 진단을 하며 나침반 역할을 해주는 것이다.

협동의 구조를 만드는 것은 시간이 들고, 시간이 든다는 것은 품을 팔아야 한다는 것이고, 그것은 다 노동이며 돈이 들어간다는 뜻이다. 사실 결사체든 협동조합이든 많은 사회적경제 조직이 설립 후 어려움을 겪는 근본적인 까닭은 구성원들 간 협동이 제대로 되지 않기 때문이다. 무엇을 협동할 것인지, 어떻게 협동할 것인지, 어떻게 구성원들이 각자 주인 노릇을 제대로 하도록 할 것인지 그러한 계획을 치밀하게 세우지 않고 시간에 쫓기고 상황에 내몰려 서둘러 설립하다 보니 나중에 문제가 터지는 경우가 많다. 처음엔 별것 아니었던 작은 틈이 시간이 지남에 따라 점점 커져 돌이킬 수 없는 상황이 벌어지기도 한다.

하지만 우리가 제대로 준비가 되었는지 스스로 확신을 가지기는 쉽지 않은 것도 사실이다. 누구는 먼저 조직을 설립해야 실체가 보여 사람들이 붙는다고도 하고, 또 누구는 좀 더 신중하게 판단해서 먼저 안정적으로 운영할 수 있는 자금이나 인력을 확보해야 한다고 판단하기도 한다. 이렇게 각자의 상황인식과 판단이 다른 상황에서 서로가 합의하고 결정을 내리기란 쉽지 않다. 그렇다 보니 적극적인 사람의 의견을 마지못해 따르기도 하고, 합의를 도출하지 못하면 함께 준비한 사람들 중 일부가 빠져나가서 남은 사람들끼리만 힘겹게 시작하는 경우도 있다.

이러한 점에서 주체들이 스스로를 분명히 들여다볼 수 있도록 판단의 근거를 마련해주는 전문가 진단 과정은 의의가 크다. 전문가가 이론적이거나 선험적인 판단을 하는 것이 아니라, 지역의 주체들이 현실을 직면하고 스스로 판단할 수 있도록 근거를 마련해주는 과정이기 때문이다. 그러한 과정을 거치며 각자 처지와 생각이 다른 지역의 다양한 주체들이 무엇을 내어 놓고 어떻게 협동할 것인지 확인하여 '이제 됐다'라는 확신이 드는 단계, 그것이 공식적인 설립의 시점이 된다.

마지막으로 이러한 전문가 진단 과정에 드는 비용의 일부를 지역의 설립준비 주체들이 책임을 질 뿐 아니라 나머지 비용은 전국네트워크가 정부와 협약을 맺어 마련해준다는 점도 시사

점을 준다. 준비에 드는 돈을 마련하기가 쉽지 않은데 전국네트워크가 아직 회원이 되기 전의 조직이 설립되는 데 드는 비용을 부담함으로써 미리 신뢰를 확보할 수 있고 든든한 울타리가 있다는 느낌을 줄 수 있기 때문이다.

활동의 목적
: 돈 되는 것과 돈 안 되는 것의 구분

지역관리기업은 참 다양한 활동을 하는데, 여러 활동들을 영역별로 지역 전체, 개인이나 집단, 사람들 간의 관계로 나누어 다음과 같이 구분한다.

- **우리 지역 관리** : 녹지공간 관리, 건물 유지, 주거 개보수, 건물 공유공간 관리, 지역 공공영역 시설물 유지관리(벤치, 조명, 우편함, 놀이터 놀이기구 등), 쓰레기 및 안 쓰는 물건 처리, 지하실 및 주차공간 관리, 경비 및 청소부 배치, 공동묘지 관리, 임차인부담 수리 등
- **우리 지역 대인 서비스 및 대중 서비스** : 주민 간 중재 및 사회문제 방범활동(밤지기, 주차장 살피기, 하교 질서 및 안전 등), 세탁-다림질-수선 작업장, 중고품 재활용 작업장, 폐자원 재활용 작업장, 마을식당 운영 등

- **사회관계 재창조를 위한 활동** : 시민단체 차고 운영, 대서인, 권리 찾기 안내, 마이크로크레디트 안내, 마을 잔치, 발코니 가꾸기, 지역신문, 암 조기발견 정보 제공, 학습도우미 등

| 활동의 목적에 따른 유형 구분

그런데 이러한 구분 외에 또 다른 구분법이 있다. 쉽게 말하면 '돈 되는 활동'과 '돈 안 되는 활동'으로 구분한다. 예컨대 한 축은 경제, 사회, 정치적 목적을 가지고 지자체 및 사회주택과 계약을 맺어 지역의 환경 미화, 관리 및 유지를 통해 수익을 창출하는 활동으로서, 이를 '시장활동'이라 한다. 다른 한 축으로는 주민이 주도하든 지자체나 사회주택이 주도하든 지역사회에서 제대로 충족되지 않은 욕구에 부응하는 활동이 있는데, 이를 '비시장활동'으로 구분한다. 여기서 특이한 점은 돈을 버는 것이 목적이라 해도 단지 경제적 목적만 있는 것이 아니라 경제, 사회, 정치적 목적을 다 가지고 있다는 것이다. 그러니까 '경제적 목적=돈 되는 활동', '돈 안 되는 활동=사회적 활동'으로 구분하지 않는다는 것이다.

협동조합의 경우에도 그 정의를 보면 "경제적, 사회적, 문화적 필요와 열망을 충족시키기 위한 목적"을 가진다고 되어 있고, 보통 사회적기업이 경제적 목적과 사회적 목적을 동시에 가진다고 한다. 그러나 실제 조직의 운영에서 전체 활동을 이렇게 명시적으로 시장활동과 비시장활동으로 구분한 경우는 드물다. 그러다 보니 '돈이 있어야 좋은 일을 할 수 있다'는 정도로 생각해서 우선 돈 버는 일에 집중하고, 나중에 재정적 여유가 충분해지면 그때 사회적으로 좋은 일을 하면 된다는 '단계론적 접근법'을 흔히 볼 수 있다. 그래서 사회적기업, 혹은 사회적경제 조직이지만 일반 상업적 기업과 별반 다를 바 없이 운영되는 경우를 많이 볼 수 있다. 하지만 엄밀히 말하면 이러한 접근법은 일반기업이 지닌 사회공헌사업의 논리와 같다.

┃ 애초에 목적이 무엇인가에 따라 평가가 달라진다

이런 측면에서 지역관리기업의 구분법은 사회적경제 조직의 특성 혹은 차별성을 보여주는 측면이라 할 수 있으며, 운영 측면에서노 의의가 있다. 왜냐하면 이떤 활동을 통해 조직의 재정적 지속가능성을 담보할 수 있는 수익을 내야 하며, 수익이 충분하지 않더라도 꼭 필요하기 때문에 해야 하는 활동은 무엇인지 처음부터 그 목적을 분명히 해야 그에 따라 나중에 제대로 평가할 수 있기 때문이다. 돈을 벌기 위한 목적으로 활동을 벌였는데 돈을 벌지 못했으면 문제가 되지만, 그 목적이 수익 창출이 아니라면 활동의 결과를 매출이나 잉여로 판단해서는 안 된다. 돈 안 되는 활동도 필요하다면 꼭 해야 하고, 이 경우 다른 곳에서 돈을 끌어와서 활동을 하거나 자원봉사를 적극 활용하는 방식으로 대처하는 등 경영 방식이 달라질 것이다.

다른 한편, 비시장활동은 단지 수익성의 문제가 아니라 지역사회와의 관계라는 측면에서 바라보아야 한다. 지역관리기업은 그 이름에 걸맞게 지역 주민이 참여해서 운영할 뿐 아니라 그 혜택이 지역사회로 돌아가, 지역 주민들에게서 신뢰를 받고 지역 주민들에 의해 지켜져야 지속가능성이 보장된다. 그렇다면 다른 누가 하지 못하거나 안 하는 일을 할 때 더욱 존재감이 부각되고 필요성을 인정받게 될 것이다.

그래서 지역관리기업은 늘 주민들과 이야기하며 어려워하는 것이 무엇인지, 또 불편해하는 것이 무엇인지 살핀다. 오가며 한 마디 던지는 얘기에도 귀를 기울이고 그것을 어떻게 해결할 것인지 고민한다. 끊임없이 지역과의 접점을 찾는 것이다. 그 결과 지역관리기업은 아주 다양한 '새로운 활동'을 개발하는 성과를 거두었다. 마을의 빨래방에서 다림질과 수선 서비스를 하며 사랑방을 운영하는 활동, 목공교실 운영, 야간 파수꾼과 같은 중재 활동, 시민단체 주차장 겸 자동차 정비소 운영, 헌옷 교환 등 아주 다양하다.

│ 지역관리기업에서만 누릴 수 있는 서비스

그중 대표적인 활동을 소개하면, 도시 외곽지역의 교통 불편 문제를 해결하기 위하여 기획한 일련의 활동인 '이동 서비스'를 들 수 있다. 이동 서비스로는 다음과 같은 것들 있다.

- 주민들의 이동과 관련한 정보를 제공하고, 동반 서비스를 제공
- 운전면허증을 취득하도록 재정 지원을 하는 연대적 운전면허장 운영 서비스
- 노인이나 장애인 등 거동이 불편한 이들이 고립된 생활에서 벗어나 외출할 수 있도록 지원하는 대중교통 서비스
- 시민단체 주차장을 운영하며 자전거나 소형 전기차 등 다

양한 교통수단을 준비해놓고 임대 서비스 등을 제공

또 다른 예는 '에너지 관리 서비스'이다. '에너지빈곤층'이라는 신조어가 나올 정도로 저소득층의 경우 전기세와 난방비 등의 부담이 커 생활에 큰 불편을 겪는 것은 어디나 비슷한 상황인 듯하다. 그래서 지역관리기업은 다음과 같은 일들을 한다.

- 주민들이 겪는 고충이나 불편함을 파악해, 전기를 아낄 수 있는 절연공사나 설비 설치 등과 관련한 정보를 제공하거나 안내
- 에너지 문제와 관련하여 주민과 에너지 공급 기관과 사회주택 간 매개자 역할을 담당
- 에너지 관리 단체와 파트너십을 형성하여 주민들을 대상으로 에너지 문제를 해결하고 예방할 수 있는 체험과 교육 프로그램을 운영

이러한 비시장활동의 공통점은 다 지역 주민들이 겪는 불편함에서 비롯되었고, 다른 어느 곳에서도 볼 수 없는 복합적인 서비스가 제공되며, 그 활동을 통하여 주민들 간의 관계가 좋아져서 장차 안정적인 일자리로 발전하기도 한다는 것이다. 이러한 활동은 어느 한 지역에서 시작되어 전국의 지역관리기업으로 확산되는 경우가 많다. 이 경우 지역관리기업 전국네

트워크는 그 활동이 전체 지역관리기업으로 전파될 뿐 아니라 주먹구구식이 되지 않도록 모델화하고 표준화하는 과정을 책임진다.

주민 역량 강화
: 처음부터 주인 노릇을 잘할 수는 없기에

지역관리기업이 가장 중점을 두고 많은 역량을 투여하는 것은 교육훈련 사업이다. 주민들의 역량 강화를 위하여 가장 많은 돈을 쓰는 것이다. 그리고 전국네트워크의 주요 사업 또한 교육훈련이다. 예컨대 2008년 기준으로, 각 지역관리기업은 1인당 연간 130유로(당시 약 20만 원)의 교육훈련비를 전국네트워크에 납부하면 모든 교육훈련이 무료로 제공된다. 전국네트워크에 내는 회비가 그만큼 지역에 혜택으로 돌아가는 것이다.

교육훈련의 구성과 내용은 이사회, 실무자, 자활지원 사업 참여 노동자, 일반 주민 등 대상에 따라 달라지지만 전체 프로그램의 기획과 구성에 있어 가장 중점을 두는 부분은 '자신이 처한 현장에서 주체적으로 참여하고 협동하는 자세를 기르는 것'이다. 앞서 '주체 되기' 연수 프로그램에서 살펴보았듯이 그 원칙은 만남과 책임감 고취다. 그래서 자활지원 사업 참여 노동자들을 위한 교육에서도 단순히 자격증을 목표로 하는 훈련에만 만족하지 않으며, 주요한 사명인 시민 참여를 위한 교육 프로그램을 설계하고 제안한다.

특히 지역관리기업의 일상적인 운영과 경영을 책임지는 상임이사를 위해서는 아주 많은 공을 들인다. 신임 상임이사는 6개월간 이미 설립된 지역관리기업의 상임이사를 따라다니며 연수를 받는다. 일종의 도제방식이다. 그 6개월 동안 신임 상임이사는 선배 상임이사를 통해 지역관리기업의 일상을 파악할 뿐 아니라 자신에게도 일어날 수 있는 미래의 상황을 미리 경험하는 것이다. 또한 그의 멘토가 되는 선배 상임이사는 신임 상임이사와 지속적으로 대화를 나누며 일종의 슈퍼바이저 역할을 해준다. 상임이사에게 있어 경영책임자로서의 역량은 이렇게 '현장성'과 '관계성'을 통하여 확보된다.

현장성과 관계성은 사례관리 담당자들에게도 해당된다. 그들은 자주 모이는데, 교육도 많지만 사례가 다양하기 때문에 많이 만나서 공유하는 것이 중요하기 때문이다. 전국네트워크는 이러한 보임을 모니터링을 해서 전국으로 확신될 수 있도록 지원한다.

지역관리기업을 방문했을 때 사례관리 담당자가 자활사업에 참여하는 노동자를 면담하는 과정을 지켜본 적이 있다. 한 중년의 노동자였는데, 사연을 듣자 하니 그는 일도 잘하고 사람들과의 관계도 좋은데 월세를 제때 못 내서 주거가 불안정한 상태였다. 그런데 이상한 것은 그가 낭비하는 습관이 있는 것도 아니고 빚이 많은 것도 아니었다. 그와 오랫동안 상담을 진행한 결과 발견된 그의 문제는 '재정관리 능력 부족'이었다. 그가 그렇게 된 까닭은 우습게도 동료나 친구들과의 관계 때문이었다.

사연인즉슨, 그가 오랫동안 어머니를 모시고 함께 살았는데 어머님 생전에 돈 관리는 전적으로 어머니의 몫이어서 그는 한 번도 스스로 돈 관리를 해본 적이 없었다. 그런데 어머니가 돌아가시고 나서 문제가 터지기 시작한 것이다. 친구들이 돈을 빌려달라고 할 때마다 그는 거절하지 않고 가진 돈을 다 빌려주고 제때 돌려받지 못했다. 많은 돈을 빌려준 것은 아니지만 여러 사람들이 요구할 때마다 들어주다 보니 그 액수가 쌓이고 쌓여 큰돈이 된 것이다. 그러다 보니 정작 자기가 돈이 필요할 때는 가진 돈이 없어서 돈을 빌려야 했다.

이 노동자의 경우 재정관리 능력이란 친구들과의 관계를 어떻게 하느냐의 문제와 연결된 것이지 단지 아끼고 절약하는 살

림의 비법이 아니었다. 그래서 사례관리 담당자는 그의 동료들이나 친구들과도 그의 상황을 공유하여 그가 재정적 어려움에 처하지 않도록 협력할 수 있는 기회를 만들었다. 또한 그에게 '재정후견인'을 연계해주어 그가 돈 관리 능력을 갖출 수 있도록 지원해주었다. 이처럼 자활의 조건을 만드는 과정은 사람마다 다 달라서 많은 사례를 접하고 공유해서 적절히 대처해나가는 방법을 찾아야 한다.

물론 전국네트워크는 사례관리, 회계, 상담 등 개별 지역관리기업 실무자들의 전문성을 강화하기 위한 지원을 제공한다. 하지만 지역관리기업에서 추구하는 가치는 직원이 피고용인의 역할만이 아니라 시민으로서의 의식을 갖고 지역에 참여하도록 이끌어내는 것이다. 그래서 전국네트워크는 지역관리기업의 실무자들이 그런 의식을 가지고 일할 수 있도록 지원한다. 또한 이사회를 위한 교육훈련도 지자체와의 협력이나 주민조직과의 협력에 대한 내용을 중심으로 정책과 관련된 전문성을 가지도록 교육을 제공한다.

교육훈련을 중시하는 지역관리기업의 방침은 전국네트워그 사무국의 구성과 인력 현황과 배치를 봐도 알 수 있다. 사무국의 상근 실무자는 총 15명이며 핵심부서는 '프로젝트 개발과 현장 지원'과 '교육훈련' 부서이다. 그리고 각각의 부서에는 5명의 상근자가 활동한다. 특히 2012년에는 사회연대경제의 관점에서 지역개발과 자활지원을 중심으로 체계적이고 전문적인 교육훈련을 제공하기 위하여 '빠사쥬Passag/e/s(통로 또는 거쳐 가는 길목이라는 뜻)'라는 기관을 설립했다. 현재 사무국 교육훈련 부서 5명 중 3명이 빠사쥬에 배치된 상태이다. 빠샤쥬의 교육 철학과 원칙은 다음과 같다.

- 모든 이들이 이론적, 실천적 능력을 가지도록 돕기 위하여 질적으로 우수한 내용과 방법을 찾는다.
- 모든 기관은 차별 없이 모든 사회적 자원을 동원할 때 발전할 수 있다는 신념을 가진다.
- 교육방법론은 민중교육의 근본 원칙을 적용하고 사람들의 지혜에 의거한다.
- 모든 이들이 쉽게 교육훈련을 받도록 하고, 지역의 파트너십이 활성화될 수 있도록 교육훈련이 지역에 정착되게 한다.
- 각기 다른 조직 간의 관계와 참여자들 간의 교류를 활성화하는 나눔의 교육훈련 프로젝트를 추진한다.

이러한 원칙하에 구체적인 교육방법론(페다고지)은 다음과 같은 방식으로 이루어진다.

│ 상호작용과 참여를 통한 나눔의 과정

참여자들이 서로의 실천을 교류하고, 생각과 경험의 다양성이 드러날 수 있도록 한다. 그래서 모든 교육은 공동의 고민을 나누기 위해 기획된다. 교육훈련은 항상 자신의 실천을 나누고, 자신이 일하거나 활동하는 네트워크가 활성화될 수 있는 기회가 되도록 한다.

│ 트레이너의 길잡이

모든 교육훈련 과정은 사회연대경제 조직 현장의 문제를 잘 알고 있는 전문 트레이너들이 길잡이 역할을 한다. 그리하여 훈련 과정이 현장의 필요에 부응할 수 있도록 설계한다.

│ 교육훈련 수요자의 참여를 통한 교육과정 설계

한 조직의 요청에 따라 이루어지는 교육훈련 프로그램의 경우 상임이사나 교육훈련 책임자, 사업개발 담당자나 코디네이터, 현장 실무자 등과 심층 인터뷰를 하고 나서 프로그램을 설계한다. 그래야 수요자의 기대가 무언지 파악하고 어떤 상황에 개입해야 할 것인지 판단할 수 있다. 그리고 이러한 기회를 통해 수요자 또한 자신들이 왜 교육훈련을 하는지, 또 마치고 나서 어떤 효과를 거두고자 하는지 스스로도 분명히 정리할 수 있다.

이론과 실천 간의 균형과 조화

이론적이고 방법론적인 내용은 구체적인 상황 속에서 파악할 수 있어야 하며, 그 두 가지가 상호 보완이 됨으로써 현장의 특수성과 참여자의 기대에 맞출 수 있다. 참여자들은 역할놀이나 상호 교환, 사례 조사 등을 통하여 적극적으로 참여함으로써 교육훈련이 끝난 후 자신의 현장에서 습득한 것이 무엇인지 스스로 찾아낼 수 있는 역량을 발휘할 수 있다.

교육적 평가

교육훈련을 통해 무엇을 얻었는지 평가하는 단계는 빠사쥬가 진행하는 교육방법론에 있어 가장 중요한 단계이다. 한 조직의 요청에 따라 교육훈련이 이루어지는 경우 과정을 마친 뒤 냉정한 평가방식과 따뜻한 종합정리 두 가지 방식을 동시에 제안하여 상호 보완을 이루도록 한다. 특히 과정을 마친 후 1~3개월 이내에 진행되는 냉정한 평가방식은 자신이 일하는 노동의 일상에서 교육훈련을 통해 어떤 효과를 거둘 것인지 확실히 하기 위해 필요하다(실천에서 어떤 변화가 있었는지, 직업적으로 발전한 것은 무엇인지 등).

| 교육훈련 과정 구상에 자문과 지원 제공

빠사쥬는 점차 늘어나고 있는 교육훈련의 수요에 부응하기 위하여 자문과 지원 서비스를 제공하여 일관성 있는 교육훈련 정책을 수립하는 데 도움을 준다. 그래서 자체적으로 교육훈련 과정을 준비하는 조직과 함께 일하면서 교육훈련을 준비하는 가장 중요한 이유가 무엇인지 밝히고, 이에 근거하여 교육훈련 과정을 함께 설계한다.

3장

지역관리기업의
정체성과 자율성

돈을 받되 자율성을 유지하기 위한 방법
: 자체 인증 제도(라벨 부여)

얼핏 보면 지역관리기업은 공공 부문에 의존해서 운영하는 조직인 듯 보인다. 사업의 많은 부분이 지자체한테서 위탁받거나 사회주택과 계약을 맺어서 이루어지기 때문이다. 뿐만 아니라 자활지원 사업을 수행하며 인건비를 지원받기도 한다. 그래서 한국에서 방문한 이들은 지자체와의 협력이 매끄러운지, 혹시 지자체나 사회주택이 간섭하지 않는지 같은 질문을 자주 하곤 했다. 그럴 때마다 대부분의 지역관리기업은 지자체와 협력이 잘된다고 답해서 부러움을 사기도 했다.

그런데 지역관리기업은 정부나 지자체로부터 보조금을 받고 사업을 위탁받기도 하는데 어떻게 자율성을 유지하며 운영힐 수 있을까? "필요힌 일을 해서 지역에 도움이 되니꺼." 또는 "맡은 일을 잘하니까."라는 답을 들을 수도 있겠지만 그보다

비밀 상자에 들어 있는 열쇠는 바로 '지역관리기업'이라는 이름 자체에 있다. 달리 말하면 지역관리기업이라는 상호는 아무나 쓸 수 없고, 반드시 전국네트워크가 라벨을 부여할 때 그 간판을 달 수 있다. 그리고 전국네트워크가 심사를 해서 부적격자로 판정되면 언제든 간판을 내려야 한다.

예컨대 이런 방식이다. 파리 10구에 있는 지역관리기업은 결사체로서의 이름이 '운하의 집'이다. 결사체로서는 정부에 등록을 하면 된다. 하지만 이 '운하의 집'이 그 옆에 지역관리기업이라는 이름을 붙이기 위해서는 지역관리기업 전국네트워크의 심사를 받아야 한다. 심사에 합격하면 운하의 집은 자동으로 지역관리기업 전국네트워크의 회원조직이 되는 것이다.

| 라벨 부여는 지역관리기업의
   경제, 사회, 정치, 윤리적 측면 점검 과정

왜 지역관리기업 전국네트워크는 자체적인 인증 제도를 두고 있을까? 다른 연합 조직 같은 경우 대부분 가입의사를 밝히고 회비만 내면 가입이 되는데 유독 지역관리기업은 그 절차가 까다롭다. 마치 지역관리기업이라는 문패를 거는 순간 한 식구가 되는 것이나 다름없기에, 가문의 전통과 가훈을 익히고 집안의 명예를 더럽히지 않도록 철저히 관리하는 듯 보인다.

하지만 라벨을 부여하는 것에는 이런 통제와 관리가 필요함을 넘어 다른 목적이 있다. 그것은 신청한 결사체의 경제적, 사회적, 정치적 측면과 더불어 무엇보다도 그 조직의 주체들의 의식과 가치를 확인하기 위해서다. 그리고 그 과정에서 근거가 되는 문서는 지역관리기업의 토대가 되는 텍스트인 헌장과 매니패스토이다.

라벨 부여를 위해서 먼저 전국네트워크는 3일간 전문가를 현장에 파견해서 제대로 운영하는지, 경제적으로 지속가능한지 점검하고 보고서를 작성한다. 이 보고서를 전국네트워크가 검토하여 적합하다고 판단되면 라벨을 부여하고, 미비하다면 어떤 점이 미비한지 알려줘서 6개월 후에 재심사하는 과정을 거친다. 하지만 라벨을 부여한 다음이라 해도 이상한 낌새가 보이면 전문가를 파견해 점검하도록 하고, 제대로 운영되지 않는다는 진단이 나오면 라벨 부여를 취소하기도 한다. 2008년에 방문했을 때 이미 그런 경우가 여덟 번 있었다고 들었다.

이 자체 인증 제노는 지역관리기업만의 독특한 제도이다. 상표를 취득하는 동시에 회원이 되는 방식이기 때문이다. 하지만 많은 경우 지역관리기업을 설립하려고 할 때 전국네트워크의 도움을 받아 제대로 된 설립 절차를 밟기 때문에 라벨을 부여받는 것은 어렵지 않다. 다만 기존에 있던 조직이 지역관리기업이라는 상표를 얻고자 할 때는 엄격한 심사를 거쳐야 한다.

│ 연대적이고 호혜적인 지역 조직과 전국네트워크의 관계

그런데 라벨을 부여한다는 것이 프랜차이즈 가맹점과 본사와의 관계처럼 갑을관계가 되는 것을 의미하지 않는다.《지역관리기업, 사회관계를 엮다》1장에는 전국네트워크의 위상에 대해 "지역관리기업 전국네트워크는 개별 지역관리기업의 연합체federation도 아니고, 그들의 상위 조직도 아니다. 지역관리기업 전국네트워크는 개별 지역관리기업에 다양한 서비스를 제공하기 위해 만든 단체로서 이들 사이에 네트워크를 만드는 역할을 한다. 이것은 그들이 꿈꾸는 가치와 생각을 현실로 만드는 공동의 실천이기도 하다."라고 되어 있다. 그래서 라벨을 부여받은 지역관리기업은 전국네트워크와 연대적이고 호혜적인 관계를 맺고, 일상의 운영에 도움이 되는 다양한 지원을 받는다.

앞서 살펴보았듯이 전국네트워크의 핵심부서는 지역 조직을 지원하는 활동을 한다. 그래서 라벨을 받고 나면 전국네트워크의 사무총장과 논의하여 두 부서의 지원을 받게 된다. 우선 '프로젝트 개발 및 현장 지원' 부서는 새로운 활동을 개발하는 일을 함께하고 어려움을 겪을 때 도움을 준다. 또한 '교육훈련' 부서는 결사체 조직의 운영과 관련하여 지역관리기업 주체들의 전문성 강화를 돕는다.

이 시점에서 고백하자면 편의상 전국네트워크라고 번역했지만 원어의 의미는 조금 다르다. 글자 그대로 해석하자면 '지역관리기업 연결 전국 위원회Comité Nationale de Liaison des Régies de Quartier'가 된다. 그러니까 중앙조직의 위상은 개별 지역관리기업을 연결해주고 관계를 만들어주는 고리인 셈이다. 개별 지역관리기업이 각자의 지역에서 주민들의 사회관계를 엮듯이 중앙 조직은 지역과 지역을 엮어주는 역할을 하는 것이다. 이렇게 지역관리기업은 기초 단위에서 전국 단위까지 수평적이고 평등한 관계로 존재하며, 그 관계는 서로 주고받으며 교류하는 호혜의 원리를 따른다. 그러므로 라벨 부여는 그 호혜성을 강화하기 위한 장치이지, 중앙집권적인 통제력을 강화하기 위한 수단으로 볼 수는 없을 것이다.

라벨 제도는 자율적인 운영의 상징

우리나라의 자활지원 사업도 멀리 보면 1990년대 초의 노동자협동조합운동에서 기원을 찾을 수 있고, 이후 1995년부터 시작된 자활지원센터의 생산공동체운동에서 맥이 이어져 온 것이다.

자활지원센터는 '생산, 나눔, 협동'을 모토로 도시빈민들의 생산공동체를 조직하여 경제적 자립을 도모하고 지역공동체를 건설하겠다는 이상을 가지고 활동해왔다. 하지만 국민기초생활보장법 도입 이후 자활지원 사업이 제도화되면서 자활지원센터는 탈빈곤 정책의 도구가 되었고, 자활사업 참여자들의 목적은 '탈(脫)수급', 즉 더 이상 공공부조에 의존하지 않는 상태가 되는 것이었다. 자활의 의미가 탈수급으로 변질된 것이다. 이렇듯 지역 내 풀뿌리 단체들의 자발적이고 자율적인 운동으로 시작된 활동이 제도화를 거치면, 많은 경우 그 제도의 관리와 통제를 받으며 도구화되는 경향을 보인다.

프랑스의 경우도 마찬가지였다. 지역관리기업을 비롯한 많은 사회연대경제 조직들은 정치인이나 행정 조직이 볼 때 단순히 '자활지원' 기능만 부각되었다. 그래서 지역관리기업들은

1980년대 초에는 스스로를 '제3섹터'로 규정했고, 1985~1990년 대 초까지는 '지역공동체경제'로 명명하다가 1992~1993년 무렵부터는 '연대의 경제'를 정체성의 근거로 삼았다. 지역관리기업이 특허청INPI에 상표 등록을 한 것은 바로 이때였다. 그러니까 지역관리기업 전국네트워크가 자체 인증 제도를 두고 라벨을 부여한 까닭은 자율성을 확보하기 위한 운동과 관계가 있다고 할 수 있다.

| 자율성을 확보하기 위한 긴 과정

하지만 라벨 부여 제도 이전부터 지역관리기업은 자율성을 확보하기 위해 지난한 노력을 기울여왔다. 사실 전국네트워크를 설립한 배경에는 이러한 열망이 있었다. 장기 실업과 사회적 배제 문제가 심각했던 1980년대에 설립해서 가난한 지역의 주민들을 지원하니 행정은 당연히 지역관리기업을 주목하고 활용하고자 했을 것이다. 이러한 위험을 감지한 연구자들과 현장 조직들은 독립된 조직으로서의 의지를 표명하기 위하여 1988년에 지역관리기업이 처음 탄생한 곳인 모Meaux에서 모여 전국네트워크를 설립했다.

지역관리기업 전국네트워크는 '주체의 운동'이고자 했다. 이러한 관점에서 지역 주민들의 자활을 동반지원하는 과정에 모든 주체들이 참여하도록 하고, 전문성과 동시에 운동성을 잃지 않으려고 했다. 왜냐하면 그들은 수는 적었지만 이미 1988년부터 도시정책의 중요한 주체로 등장했기 때문이다. 예컨대 예금공탁금고처럼 규모가 큰 강력한 조직은 지역관리기업을 모델링해서 퍼뜨릴 계획을 가지고 있었다. 하지만 이에 대해 전국네트워크는 연구자들과 함께 의논한 결과 아직 실험이 더 계속되어야 한다고 판단했다. 양적인 성장보다는 질적인 측면을 중요시하고, 속도조절을 하며 자율적으로 발전할 경로를 모색하기로 결정한 것이다. 하지만 정부는 도시정책을 통하여 지역관리기업을 도구화하려고 했으며, 관련 정책을 쏟아내며 통제하려고 했다.

  이뿐 아니라 1991년에는 서민임대주택전국연맹Union Nationale Fédération HLM, UNFOHLM*이 자활지원 부서를 설립하여 지역관리기업에 영향을 미치게 되었다. 이러한 상황에서 지

---

* 프랑스에서 사회주택이라 할 수 있는 서민임대주택(HLM)은 비영리 목적으로서 민간 부문과 공공 부문이 다 운영할 수 있다. 서민임대주택전국연맹은 지역별 연합 조직의 전국 연맹으로서 민간단체인 어소시에이션(association)의 법적 지위를 가지고 활동한다.

역관리기업은 사회주택과 관련한 정책 이슈의 중심에 놓이게 되었다.

하지만 쟁점은 제각각 달랐다. 서민임대주택전국연맹을 포함한 쪽에서는 예금공탁금고나 일부 큰 기관의 지원으로 지역관리기업을 모델링하여 확대재생산하는 방안을 제기했고, 지역관리기업 및 이들과 관계하는 연구자들 쪽에서는 지역관리기업은 아직 실험적인 모델이므로 확산하는 것은 시기상조라는 논리였다.

이러한 상황에 대응하기 위하여 지역관리기업은 1991년 6월에 헌장을 제정하여 자율성 확보를 위한 두 번째 조치를 취하게 된다. 헌장에는 지역관리기업에만 해당하는 규칙과 절차가 담겨 있다. 그런데 일부 연구자들은 헌장 제정에 반대하기도 했다. 왜냐하면 아직 실험 중인데 헌장 제정으로 하나의 모델이 되어 틀이 확정되어버리면, 더 이상의 의미 있는 실험이 계속되지 않을 수도 있기 때문이었다.

헌장 제정은 상표 등록으로 이어졌다. 이러한 사례는 아주 예외적인 경우다. 이를 통해 모든 지역관리기업이 지역관리기입운동에 소속감을 느끼고 공동의 정체성을 가지는 세기가 되었기 때문이다. 이렇게 하여 전국네트워크는 정부 조직과는 독립적으로 헌장에 동의하는 조직에게 라벨을 부여할 수 있게 된 것이다. 1991년과 1993년은 지역관리기업에게 있어 헌장 제정, 상표 등록과 라벨 부여, 매니페스토 제정 등 일련의 과정을 거치면서, 독자적인 정체성으로 정책 도구화의 위험에 맞서 스스로를 보호하는 자율적인 운동으로 지속할 수 있는 토대를 마련한 시기라고 할 수 있다.

│ 자율성 운동은 계속된다

그 이후에도 지역관리기업은 정부 정책에 맞서며 자율성을 강화하기 위한 전략을 멈추지 않았다. 자율성이란 때로는 협상을 통해 확보되기도 하고 때로는 계약을 통해 이루어기도 한다. 어떠한 방법을 취하든 법적인 지위 및 관련 규제, 도시정책으로 인한 영향으로부터 지역관리기업을 온전하게 유지하기 위한 방안이어야 했다.

의미 있는 사례가 하나 있다. 도시정책 부서총괄국과 지역관리기업 전국네트워크 간에 '도시재생을 위한 협약의정서'를 체결할 때의 일이다. 이때 전국네트워크는 지역관리기업이 "단순히 복지국가 재분배 시스템 논리를 따르는 것이 아니라 연대의 경제를 구축"하기 위해 참여한다는 목적이 들어갈 수 있도록 요구했다. 그리하여 의정서에 지역관리기업이 지니는 핵심 가치가 분명히 들어갈 수 있도록 노력한 것이다.

공동의 정체성을 유지하기 위한 노력
: 헌장과 매니페스토

앞에서 헌장과 매니페스토에 기반하여 라벨을 부여하는 전통이 지역관리기업을 보호하고 자율성을 지키기 위한 전략적 선택임을 살펴보았다. 여기에서는 좀 더 구체적으로 헌장과 매니페스토의 역할과 의미를 알아보려 한다.

《지역관리기업, 사회관계를 엮다》에 보면 헌장과 매니페스토를 '토대가 되는 문서'라고 표현했다. 그 토대란 다른 말로 공통의 기반이라는 뜻이며, 지역관리기업운동의 가치와 원칙을 담고 있다는 뜻이다. 즉 '지역관리기업'이라는 브랜드를 가지고 있다는 것은 일련의 규칙과 가치를 받아들인다는 것을 의미한다. 이와 마찬가지로 이미 지역관리기업으로서 라벨을 부여받았더라도 그 가치와 규칙을 따르지 않을 때는 재심사를 통해 회수당하기도 한다. 그래서 두 문서는 공동의 정체성을 유지하기 위한 수단이자 일탈과 부정을 방지하기 위한 통제와 관리의 수단이다.

이러한 절차는 대외적으로 이미지 관리 차원에서도 유용하다. 연합이든 연맹이든 규모화가 되었을 때는 어느 한 조직의 잘못이나 비리 때문에 전체의 이미지가 실추되어 나머지 조직이 손해를 보는 경우가 있다. 또 한 곳에서 문제가 적발되면 전체가 관리를 맡은 행정의 지도를 받는 수모를 겪기도 한다. 이러한 측면에서 볼 때 라벨 부여 기능은 외부의 관리감독에 의해서가 아니라 스스로 이미지를 관리하며 자정 능력이 있다는 것을 보여준다.

│ 운동으로서의 정체성

헌장은 지역관리기업이 정부 정책이 아니라 "지역의 다양한 파트너들의 의지에서 나온 결과"임을 분명히 한다. 제도의 산물도 아니고 제도의 도구도 아니라는 것이다. 어느 특정한 사람이나 집단이 아닌, 각각 다른 부문에 속하는 주체들이 공동으로 참여하고 파트너십을 형성하여 집단적인 주체를 형성하는 '지역의 운동'임을 분명히 한 것이다. 행정과 정치를 관장하는 영역(지자체), 정책과 관련된 사회 영역(사회주택), 시민사회 영역(지역 단체와 주민), 그리고 직업 영역(결사체나 지자체에 속하는 사회복지사) 등 각기 다른 영역에 속하는 이들이 사회적경제 영역(결사체)으로 모인 것이다. 이러한 정체성 규명은 대외 관계에서 중요한 역할을 한다. 이렇게 주체의 정체성을 분명히 하는 까닭은 지역관리기업이 하는 활동만 보면 마치 정부의 실업대책이나 도시정책을 실천하는 제도화된 기관으로 여겨질 수 있기 때문이다.

이렇게 주체의 운동임을 분명히 함으로써 지역관리기업은 '자활지원기관'으로만 인식되어 노동부의 전적인 통제하에 들어간다거나, 어려운 지역을 지원하는 기관으로만 인식되어 도시정책 부서의 전적인 통제를 받는 일을 피할 수 있게 된다. 정부 부서의 전적인 통제를 받지 않고, 다른 사회적경제 조직과도 다양한 네트워크를 형성할 수 있는 것은 중심이 지역과 주체에 있기 때문이다.

│ 기업으로서의 정체성

1993년에 작성된 매니페스토는 기업으로서의 정체성을 분명히 제시한다. 연대를 중시하되 정부의 재분배 정책이라는 제도적인 연대에 갇혀 있기를 거부한다. 왜냐하면 "마을 주민은 정부의 사회복지 제도로만 만족하지 않는다. 이 제도는 그들이 자신의 미래를 통제할 수도 없고, 그들 스스로 설계할 수도 없게 되어 있기 때문이다". 그래서 지역관리기업은 주민이 주체가 되어 주민 간의 연대로 마을을 연대적인 공간으로 만드는 경제활동을 하고자 한다. 그래서 "지역관리기업은 한 지역의 도시 관리 수준을 향상하고, 이러한 활동을 통해 모인 돈을 지역 차원에서 재분배함으로써 연대적 경제를 건설하는 데 이바지한다"는 목적을 분명히 하고 있다.

이에 따라 지역관리기업의 경제활동은 "근린 서비스와 사회적 요구, 노동권의 조화"를 이루며 "정의와 권리의 가치", "환대와 연대의 가치"를 지키면서 "더욱 인간적인 목적을 가지는 도시화"를 추구해 나가는 것이라 할 수 있다. 그래서 지역관리기업은 이익 추구라는 단일 논리가 아니라 사회와 공동체를 개발하는 경제적 목적, 어려움에 처한 이들을 통합하고 사회관계를 재창조하는 사회적 목적, 주민들과 공공 부문 당사자들의 실질적인 참여를 노모하는 정치적 목적을 동시에 가지는 복합적인 논리에 바탕을 둔다.

공동의 정체성은 어떻게 유지되는가?

하지만 헌장과 매니페스토가 있다고 공동의 정체성이 저절로 유지되지는 않는다. 그것이 가능하려면 문서가 작동될 수 있는 체계를 갖추어야 할 것이다. 핵심은 여기에 있다. 예컨대 많은 사회적경제 조직이 설립할 때 정관을 작성하고, 그 안에 목적과 가치, 운영 원칙 등을 담지만 정관은 정관대로 실제 운영과 상관없이 사문화되는 경우가 많다. 그러다 보니 경영의 책임을 지는 이사회나 최종 의사결정기구인 총회에서 각자 생각대로 얘기할 때가 많아 합의를 도출하기 어려워지는 것이다. 함께 일을 협동하려면 생각의 협동이 이루어져야 하는데 그 생각을 협동하는 근거가 없으면 배가 산으로 갈 공산이 크다.

그런 면에서 헌장과 매니페스토가 실천력을 발휘하도록 하는 장치를 두는 것이 중요하다. 그래야 실제로 조직 내부에 조절 기능을 가질 수 있다. 이런 면에서 지역관리기업의 헌장은 구체적인 지침을 담고 있다.

헌장 전문의 8조는 "이 헌장에 찬성하는 지역관리기업은 지역관리기업 전국네트워크에 모든 필요한 서류와 정보를 제공할 의무가 있다. 이를 통해 네트워크는 원칙이 지켜지는지 확

인한다.

그 결과에 따라 전국네트워크 이사회는 지역관리기업 라벨을 부여할지, 유지할지, 또는 반환 조치를 취할지 정한다.(라벨 부여 절차 참조) 라벨 반환 절차 이전에 해당 지역관리기업은 전국네트워크 이사회에 참석하여 소명의 기회를 가질 수 있다.''라고 되어 있다.

그러니까 개별 지역관리기업은 전국네트워크에 대하여 '투명성'을 지켜야 한다는 것이다. 전국네트워크는 개별 지역관리기업이 원칙을 지키는지 확인하고 제대로 지키지 않을 경우 그에 따른 조치를 취한다. 물론 이런 까다로운 심사와 통제를 받지 않으려면 네트워크에 가입하지 않으면 된다. 하지만 앞서 보았듯이 개별 지역관리기업은 전국네트워크와 연대와 호혜의 관계를 맺으며 아주 많은 도움을 받기 때문에 이러한 통제는 그에 상응하는 대가라고 생각해야 할 것이다.

│ 문서와 실천 사이의 간극을 어떻게 메울 것인가?

사람도 말과 행동이 다른 경우가 있듯이 조직의 경우도 마찬가지다. 겉으로 표방하는 가치와 실제 작동하는 방식이 다를 때가 많다. 그래서 사람도 언행이 일치하는지 항상 성찰해야 하듯 조직 또한 집단적 성찰 과정이 있어야 겉과 속이 다르지 않고 일관성을 유지할 수 있다. 그 일관성이 안으로는 구성원들의 신뢰를 확보하고 밖으로는 인정과 신용을 받을 수 있는 토대가 된다.

그런데 한 조직 내에서도 새로운 사람이 들어오고 구성원이 늘어나면 통일성을 유지하기 어려워지듯 조직의 네트워크도 마찬가지 어려움을 겪을 수 있다. 아무리 교육과 훈련을 통해 강조하고 노력한다 해도 빈 구석이 생길 수 있고 일탈이 일어날 수 있다. 가치나 규칙, 규범은 글로 쓰여 있는 것이기 때문에 그 해석을 둘러싸고 갈등이 발생하는 것을 막을 수는 없을 것이다. 특히 현실적인 어려움에 부딪히거나 현실에 적용하는 과정에서 이견이 나오는 건 당연한 일이다.

이런 까닭에 토대가 되는 문서는 '성찰적 지혜'를 통해 현실화되어야 한다. 즉 어떻게 문서에 있는 글을 현실에 옮길 것인가를 고민할 것이 아니라 나의 실천에 근거하여 헌장과 매니페스토를 비판적으로 보는 과정을 가져야 한다는 것이다. 글이 행동을 지시하는 것이 아니라 행동이 글을 구현하기 때문이다. 실제로 헌장과 매니페스토는 변하지 않는 문서가 아니라 시간이 흐름에 따라 수정되고 추가되고 삭제되는 과정을 거쳤다. 늘 실천과의 관계 속에서 문서의 의미를 해석하면서 집단적인 토론을 거치는 그 성찰의 과정 자체가 공동의 정체성을 유지하는 과정이 되는 것이다.

헌장은 이처럼 늘 변화의 가능성을 지니고 있지만 일상의 실천에서 길을 잃었을 때 나침반이 되어주기도 한다. 내가 제대로 하고 있는지, 우리가 올바른 방향으로 가고 있는지, 언제나 서 있는 자리에서 스스로를 돌아보는 자세 또한 성찰적 지혜다. 그러므로 헌장이라고 해서 교조적으로 따르지 않고 비판적으로 보는 시각을 가질 필요가 있다. 하지만 방향을 잃었을 때 길을 인내하는 근거가 되는 것이 헌장과 매니페스토가 지니는 의의라 할 수 있다.

4장

지역관리기업과
지역개발 & 지역민주주의

그때가 아마 2003년 겨울이었을 것이다. KBS에서 연말 특집으로 자활에 관한 다큐멘터리를 제작한다고 담당 작가에게서 연락을 받았다. 원래 연말엔 훈훈한 장면을 보여주는 것이 공영방송사의 역할이니. 그중 한 곳을 파리 외곽에 있는 지역관리기업으로 선택해서 진행했다. 그 지역은 프랑스에서도 꽤 골치 아픈 곳으로 유명한, 지방 사람들뿐 아니라 한국 사람들도 한번쯤 언론에서 들어봤음직한 곳이다. 하여튼 작가와 촬영기사를 대동하고 가서 싱임이사의 안내로 이곳저곳 화면발이 살만한 장면을 찍고 있었다. 원래 그런 험악한 곳에는 보기에도 겁 없어 보이고 사람들과도 격 없이 지내는 활달한 성격의 상임이사나 책임자가 일하는 편이다. 그런데 우리 앞에 나타난 상임이사는 예상을 깨고 과거 그다지 '길거리 경력'이 없는 차분한 스타일이어서 내심 의아했다.

그러던 차에 마을 여기저기를 돌며 한창 촬영에 몰두하고 있는데 마을 한복판에서 사건이 터졌다. 사실 근처에서 어슬렁거리던 청소년들 때문에 살짝 불안한 감이 없지 않았는데 드디어 일이 터지고야 만 것이다. 촬영기사가 무거운 카메라 장비 일부를 상임이사의 차 짐칸에 실어두었는데, 카메라를 바꾸고 문을 잠그지 않은 모양이다. 우리 촬영팀과 그 차 사이로 잠시 차가 한 대 지나갔었는데, 정말 그 찰나의 순간에 촬영기사의 카메라를 도둑맞은 것이다. 당황한 상임이사는 마을 이곳저곳에 수소문을 했지만 결국 다시 찾지 못했다. 하지만 그때 상임이사가 했던 말이 여전히 기억에 남는다. "우리가 다니면 아무런 문제가 없는데 외지인이 오면 꼭 이런 일이 생기네요." 그렇다. 우리는 그들에게 남이었다. 남이라도 호기심 자극하는 동양인이 아닌 그냥 외지인, 다른 사람, 자신들은 어렵게 사는데 이렇게 외국까지 올 수 있는 여유가 있는 팔자 좋은 사람들, 재수 없는 사람들, 니들도 한번 당해봐라….

이러한 장면이 지역관리기업이 활동하는 지역의 일상이다. 도시는 불평등을 만들어내고, 역사는 원한을 품게 한다. 프랑스 대도시의 외곽, 그것도 세계에서 가장 번화한 곳으로 유명한 수도 파리의 외곽은 그 정도가 더욱 심하다. 제국주의 시대 때부터 시작된 수탈과 억압, 그 이후의 무역 불평등으로 인한 과거 식민지 국가의 종속 심화, 하지만 또 먹고살아야 하니 전후 부흥의 시기에 자신들을 억압했던 제국주의 국가로 이민 올 수밖에 없었던 한 많은 인생들. 그렇게 외곽 지역인 '방리유'에 사는 사람들의 마을은 씻기지 않은 울분과 회복되지 않은 역사의 모순이 깔려 있는 곳이다. 게다가 전후 경제부흥 시기를 지나 경제위기를 맞으며 이곳은 이제 실업과 사회적 배제의 대표 지역이 되었다. 역사의 모순이 켜켜이 쌓인 곳이 경제적으로는 낙후된 마을이 되었고, 정치적으로는 위험한 특수 관리 지역이 되었으며, 사회적으로는 버림받은 '노 맨즈 랜드No man's land'가 된 것이다.

하지만 지금은 한 사회에서 공존해야 한다. 정치는 사회통합을 말하고, 경제는 노동통합을 말하고, 도시정책은 재생을 말하는 시대기 되었다. 하시만 그 공존이 어디 쉽겠는가? 노동 시장은 빗장 걸어 잠그고 요지부동인데 어찌 통합해야 하는 것인가? 가게 문 닫고 다 떠나고 재생은커녕 빈집만 음산하게 마을 풍경을 색칠하고 있는 상황인데.

경제가 외면한 곳에
지역관리기업이 들어간다

다시 상임이사의 말로 돌아가 보자. 그곳에 사는 사람들은 당하지 않고 외지인만 당한다는 사실. 그래서 한번은 이런 시도를 한 적이 있다. 한국의 집수리자활공동체와 주거복지팀과 함께 프랑스의 노동자협동조합연합회CGSCOP 산하 건설연합회를 방문하여 샴페인과 공정무역 목도리를 담은 가방을 선물받고 나서 지역관리기업을 방문했을 때였다. 그런데 어떻게 귀신같이 알고 훔쳐 가는지! 바로 눈앞에서 휙 낚아채 가서 우리는 눈뜬장님처럼 어안이 벙벙, 귀신에 홀린 것 같았다. 주변을 둘러보니 우리를 보면서 쑥덕거리며 웃고 있는 청소년들이 보였다. 나는 용기를 내어 그들에게 다가가서 말을 걸었다. 그래도 나는 말 못 하는 완전한 이방인이 아니라 그 나라에 살고 있고 그들과 소통할 수 있는 사람이라는 자신감을 가지고 청소년들이 몰려 있는 곳으로 가서 부탁을 했다.

"샴페인은 가져가도 괜찮은데 가방에 든 서류는 돈가치가 없지만 우리에겐 참 소중한 것이니 돌려주었으면 좋겠어. 불편하면 지금 돌려주지 않아도 돼. 우리가 없을 때 저기 저 마을 공간 어디에 두면 돼."라고 그들을 설득했다. 그리고 나서 조금 있다 가보니 아니나 다를까, 그곳에 가방이 있었다! 물론 샴페인과 목도리는 빠진 채….

지역의 일자리는 지역 주민에게

이 사건은 그들의 정서를 조금이나마 알 수 있는 소중한 기회였다. 상임이사는 우리에게 부연설명을 해주었다. 마을의 공중전화박스를 관리하게 된 경위에 대해서. 예전에 마을에 있는 공중전화박스가 늘 박살이 나서 프랑스텔레콤에서 골머리를 앓았다고 한다. 하지만 또 사고가 터질까 봐 더는 설치하지 않아 마을 사람들이 아주 불편해했다. 그래서 이 사건에 대해 지역관리기업 차원에서 마을 주민들과 토론을 했는데 주민들의 추측 겸 사연인즉슨 이러했다.

"여기 사는 우리는 일자리도 없는데 멀리서 사는 사람이 자가용 타고 와서 관리하는 꼴이 거슬린다. 우리들은 차를 타고 오지 않아도 되고, 전화박스를 관리하는 일이 대단한 기술이 필요한 것도 아닌데, 왜 여기 사는 우리는 하면 안 되고 멀리 사는 사람이 와서 해야 하나?"

그 이야기를 듣고 상임이사를 비롯한 이사들은 그 마을을 담당하는 프랑스텔레콤 지사에 이러한 경위를 전달하고 협상을 벌여 지역관리기업이 공중전화박스를 관리할 수 있도록 했다. 그 후론 공중전화박스가 박살나는 사건이 한 번도 일어나지 않았다고 한다. 어쩌면 분쟁의 요소가 될 수 있는 사고가 지역관리기업의 중재로 유종의 미를 거두게 된 것이다.

지역관리기업이 사회주택으로부터 건물 유지보수 및 관리 업무를 위탁받게 된 연유도 이와 비슷한 맥락이다. 지역관리기업이 설립되기 전에는 서민임대주택을 외지인들이 관리했다. 그런데 복도의 전등이 나가도 제때 교체해주지 않아 어두컴컴한 채로 며칠을 지내야 했고, 높은 건물의 엘리베이터가 고장 나도 바로바로 수리해주지 않아 불편함이 많았다. 그렇게 되면 거동이 불편한 노인들이나 장애인들은 꼼짝없이 집 안에 갇혀 있어야 했다. 그 와중에 어느 가구가 이사를 나가 빈집이 생기면 점검해서 수리할 건 수리해서 새로 이사를 올 수 있게 준비해야 함에도, 그 모든 서비스가 제대로 이루어지지 않았다. 야밤에 청소년들이 그 빈집에 들어가 음악을 크게 틀어놓고 술판을 벌이기도 해서 이웃 주민들은 소음 때문에 짜증을 냈고, 그들이 남긴 쓰레기가 악취를 풍기는 탓에 그곳은 더 접근하기 힘든 곳이 되었다.

건물 안이 이 모양인데 밖이라고 온전하겠는가? 거주자들 중 거동이 불편한 이들 혹은 만사가 귀찮은 이들은 무심히 창밖으로 쓰레기를 던져 건물 주위는 쓰레기로 가득 차곤 했다. 사회주택 관리인이 매일 아침 청소를 해도 한낮이 되면 금방 지저분해졌다. 공유 공간이나 아파트 단지들 사이 구석진 곳에는 낡은 침대나 고장 난 가전제품, 부서진 가구들이 쌓여 있기도 했다. 모든 서민임대주택이 이런 형국은 아니지만 특히 실업률이 높은 대도시 외곽 지역의 상황은 거의 비슷했다. 제대로 관리되지 않은 건물, 지저분한 주위 환경, 낡고 위험한 시설, 사회주택이 용역을 준 일반회사에서는 도저히 감당이 안 되는 상황이었다.

지역관리기업은 외지인들에 의해 제대로 관리되지 않고 유지되지 않는 주거공간과 생활환경을 바꾸는 일부터 시작하고자 했다. 공중전화박스의 경우와 마찬가지로 그 일 또한 그곳에 사는 주민들에게 맡김으로써 지역의 일자리도 만들고 책임감도 느끼게 할 수 있었다. 가까이 사니 문제가 생기면 바로바로 신속하게 처리할 수 있었고, 지역을 잘 아니 누가 어떻게 해결할 수 있을지 좋은 해결책을 찾을 수 있었다. 지역관리기업의 현장 실무책임자들의 관리하에 진행되니 게으름을 피우거나 대충 하는 일도 없어 서비스의 질도 개선되었다. 사회주택관리소장으로서도 만족스러운 결과였고, 무엇보다도 문제가 줄어들어 안심하게 되었다.

│ 마을로 들어간 자활지원 사업

지역관리기업이 채용하는 주민들은 대부분 일반 노동시장에서 일자리를 구하기 어려운 장기 실업자들이나 학력이 낮고 기술이 없는 청년층 혹은 가사 및 양육의 부담으로 전일제 노동이 어려운 여성들이다. 프랑스의 경우 우리나라보다 사회보장제도가 더 잘 갖추어져 있어 노인일자리 사업 같은 것은 하지 않는다.

채용된 주민들은 대부분 노동통합 서비스 대상자여서 정부에서 인건비 지원을 받고, 부족한 것은 지역관리기업의 수익으로 보충된다. 그래서 그들이 받는 급여는 최저임금을 기준으로 지급된다. 프랑스의 경우 최저임금이 꽤 높아 최저임금만 받아도 인간적인 생활이 어느 정도 가능하다.* 게다가 취업에 따른 각종 사회보장 혜택도 받고 신용도 높아지니 전반적인 생활 조건이 향상된다.

이렇게 지역관리기업이 제공하는 일자리는 비록 자활지원사업으로 추진하는 것이지만 괜찮은 일자리이며, 지역관리기업이 제공하는 서비스는 꽤 높은 질을 유지한다. 왜냐하면 지역관리기업은 제대로 된 기업이고자 하기 때문이다. 그래서 현장 실무책임자는 해당 분야의 전문 자격증과 경력이 있는 이들로 채용하고, 그들이 자활사업 참여자의 훈련을 맡아 현장으로 투입될 수 있는 조건을 마련해준다. 하지만 '양질'의 서비스는 단지 기술적인 측면으로만 평가할 수 없는 것이다. 이윤을 더 많이 남기기 위해 질 낮은 원료를 사용하지 않고, 부당한 가격을 요구하지 않고, 정직하게 거래하고, 고객이 원할 때 제공되도록 하며, 고객의 의견을 충분히 수렴하여 일을 진행하고, 하자가 생기면 제대로 보수를 해주는 등 일련의 과정이 다 서비스인 것이다. 게다가 사소한 것은 어떻게 처리하면 좋을지 비용을 받지 않고 알려주기도 하며, 주민을 대상으로 무료 강좌

---

* 프랑스의 최저임금(SMIC)은 2018년 기준, 세전 1,500유로(한화 약 190만 원)이며 실수령액은 1,150유로로 정도 된다.

를 열어 스스로 자기 집을 관리할 수 있는 기본적인 기술과 상식을 제공하기도 한다.

이렇게 지역관리기업은 주민이 노동자가 되기도 하고 이용자가 되기도 한다. 또 지역에서 만든 결사체이니 주민이 관리자인 셈이다. 주민들의 연대와 파트너십으로 경제활동이 이루어지는 것이니 마을 전체가 자활지원 사업의 주체가 되며 마을이 작업장이 되는 것이다. 그리고 그 결과 주민들의 소득이 향상되고 생활조건이 개선되니 지역개발에도 기여하게 된다. 먹거리만 로컬푸드local food가 있는 것이 아니라 일자리도 '로컬잡local job'이 될 때 진정한 지역순환경제가 가능하다.

｜생활세계에서 만들어지는 일자리와 경제활동

지역관리기업의 경제활동은 지자체나 사회주택으로부터 위탁받거나 계약을 체결하는 것 이외에 다른 것도 있다. 앞서 2장에서 보았듯이 지역관리기업은 주민들의 불편함을 해결하고 관계를 개선하기 위한 다양한 활동을 기획하고 실험하며 정착시켜왔다. 요즘 우리나라에서는 거의 사라진 대서방을 운영하기도 하고, 빨래방에서는 다림질 서비스를 제공하면서 사랑방을 운영해, 빨래방이 주민들에게 필요한 각종 정보를 제공하는 공간으로 활용되기도 한다. 특히 거동이 불편한 노인들이나 장애인들은 위한 이동 서비스, 주민들의 갈등을 해결하는 데 도움을 주는 중재 서비스 등은 시장에서는 볼 수 없는 지역관리기업만의 독창적인 서비스이다.

수익이 충분히 발생하지 않아 제공되지 않는 서비스, 어떻게 해결해야 할지 모르기 때문에 제공되지 않는 서비스, 멀리 있기 때문에 제공되지 않는 서비스, 서로 관계가 없었기 때문에 엄두를 내지 못했던 일, 그 모든 것은 우리 생활에 필요하지만 공적 서비스로 제공되지 않고, 돈이 있다고 해서 살 수 있는 것들도 아니나. 하지만 지역관리기업은 엄두를 내고 시도하고 실험하며 정착시켜 나간다. 물론 수익이 나지 않는 것들도 있고 어떤 일은 돈을 받기 애매한 경우도 있다. 그러하기에 자원봉사자를 조직하여 운영하기도 하고, 후원을 받거나 외부 프로젝트를 맡아 재정을 충당하기도 한다. 그중 어떤 활동은 안정적인 일자리로 정착된 것도 있다.

지역관리기업은 경제에 대해 달리 사고한다. 경제가 사회와 떨어진 것이 아니고, 정치와도 무관한 것이 아니며, 시장에서만 이루어지는 것도 아니라고 생각한다. 그래서 시장만 바라보며 활동하지 않고 더 주민 속으로 파고들어가 그들의 생활세계에서 필요를 찾아내고 그 경험을 살려 제대로 된 활동을 만들어나가고자 한다. 그렇다고 허투루 하지 않고 전국네트워크의 지원을 받아 연구와 조사를 거쳐 개발하며 체계적인 운영 방안도 갖추고 있다. 이 모든 일들은 주민이 참여하지 않으면 도저히 꿈도 꿀 수 없는 것들이고, 서로 다른 부문이 파트너십을 형성하지 않으면 실현할 수 없는 것이다.

정치도 어쩌지 못하는 것을
지역관리기업이 한다

오래전부터 사회양극화, 사회 불평등이 문제가 되어왔다. 그런데 그 양극화와 불평등의 양상을 구체적으로 들여다보면 도시와 농촌 간의 불평등이며, 도시 안에서도 지역 간 불평등, 한 동네 안에서도 잘사는 곳과 못사는 곳 등 지리적인 경계에 따라 달라진다는 것을 알 수 있다. 특히 대도시에서는 원도심과 같이 상권이 몰락해서 공동화되는 현상이 생겨나기도 하고, 개발에 소외되어 상대적으로 낙후되고 위험한 곳도 있으며, 쪽방촌과 같이 상상할 수 없을 정도로 열악한 '도시의 섬'도 존재한다. 게다가 최근에는 이민자들이나 이주노동자들을 중심으로 한 새로운 커뮤니티가 생겨나기 시작하며 문화적인 갈등 또한 지역문제가 되고 있다. 그래서 커뮤니티 비즈니스community business나 마을기업 등과 같은 지역기반의 사회적경제 실천들이 생겨났을 것이고, 도시재생이나 지역개발 정책들이 등장하기 시작했을 것이다.

그런데 한국 사회에서 개발 혹은 재개발이라고 하면 먼저 부정적인 단어를 떠올릴 수밖에 없다. 철거 용역 깡패, 조합 비리, 강제 이주, 투기 세력, 알박기 등 온통 살벌하고 이기적인 욕심들로 가득 찬 것들뿐이다. 그 어느 곳에서도 주민이 살 만한 지역으로 만들겠다는 지극히 당연한 목표와 대책은 보이지 않고 주민 중심의 내재적 개발이라는 방법은 제대로 실현되지 않는 듯 보인다. 최근 사회적경제의 도입으로 어느 정도 시민 참여 방식의 새로운 접근법이 논의되고 있지만 여전히 개발은 투기 세력이 판치는 돈벌이 시장이 될 위험이 도사리고 있다.

왜 그럴까? '지역'이라는 것은 땅과 건물이라는 부동산과 도로와 시설이라는 인프라만으로 구성된, 재산과 소유주와 행정만으로 이루어진 공간이 아니다. 그 안에 사람들이 살고 있고, 그들의 일상과 기억이 있고, 이웃관계와 교육과 문화가 있다. 그러니 누구를 개발의 주체로 둘 것인가 하는 문제는 개발의 목적을 무엇에 두고 어떤 지역으로 만들 것인가 하는 전망과 연결될 수밖에 없다. 하지만 지금껏 대부분의 지역개발은 지자체가 주체였고, 외지인인 민간업자나 토건 세력이 추진 세력이었고, 목적은 투기와 금융소득 증대였다. 그러다 보니 그곳에 사는 주민은 내몰리고 난개발, 불량개발이 된 것이다.

| 주민 참여를 통한 연대적인 지역개발

지역관리기업이 있는 곳은 개발이 비껴간 지역이다. 뿐만 아니라 도시정책에 의해 사회갈등이나 위험이 많다고 분류되는 특별관리 지역인 경우가 많다. 그곳에 사는 사람들뿐 아니라 생활환경과 시설 등 모든 조건이 열악하다. 이런 곳은 정치도 속수무책인 경우가 많다. 기본적으로 주민들이 정부와 지자체에 불신이 커서 동원할 관변조직조차 제대로 없고, 주민들 간의 다툼과 갈등이 빈번해 민원이 폭주하지만 공무원 수는 적다. 인구가 밀집된 서민주택 지역이니 우체국과 관공서는 늘 길게 줄을 서야 하고 대기 시간이 길어지니 사람들의 불만은 더 심해진다. 게다가 실업자들이나 알코올중독자, 약물중독자들 같은 사회적 불이익 계층이 많으니 사회복지 기관은 포화상태이다. 살기 어려우니 좀도둑이나 마약 거래도 많지만 경찰은 늘 뒷북이고, 그마저 주민들이 협력하지 않으니 치안은 엉망이다. 자치단체장으로서 시장은 지역 이미지를 개선하고자 하지만 진보고 보수고 할 것 없이 속수무책은 매한가지다.

이러한 곳에서 무엇이 가장 중요한 자원이 될 수 있을까? 지역관리기업은 그 출발을 사람으로 보았다. 하지만 몇 사람으로 될 일이 아니니 더 많은 사람들이 참여해야 한다. 그러기 위해서는 우선 사람들이 서로 미워하고 싸우며 갈등하지 않고 관계를 맺는 것이 가장 중요한 과제였다. 그래야 협동의 토대가 생기고 협동의 힘으로 공동의 문제를 해결할 수 있을 테니 말이다.

근대적인 협동조합운동의 시초였던 영국의 '로치데일의 공정개척자들'이 그들만의 상점을 내며 소비자협동조합을 시작하기 전 스스로에게 던진 질문도 그러하다. "어떻게 아무것도 없는 사람들이 서로 도울 수 있을까? 어떻게 하면 사람들이 해방될 수 있을까?" 이러한 질문을 던지지 않았더라면 공정개척자들은 단지 가게를 내고 물건을 사고파는 장사만 하는 협동조합이 되었을 것이다. 하지만 그들의 궁극적인 목적은 서로 돕는 관계를 만들어 자유로운 사람이 되는 것, 즉 '인간의 발전'에 있었기에 장사만 생각하지 않았다. 자신들과 같은 공동체를 만들고, 그 공동체들이 서로 돕는 지역사회를 만들어 사회를 변화시킨다는 구상이다.

지자체에서 지역관리기업에 관심을 갖고 파트너십을 형성하는 까닭도 여기에 있다. 지역이 개발되려면 주민이 움직여야 하는데 그 주민들 속에 들어가 그들과 함께 활동하며 신뢰를 얻을 수 있는 곳이 지역관리기업이기 때문이다. 사회복지사들이나 공무원들도 어쩔 줄 몰라 하는 일들을 기꺼이 하며 주민들의 편이 되어주고 주민들이 시민의식을 갖도록 지렛대가 되어준다 하니 반가울 수밖에 없을 것이다. 게다가 실업과 빈곤과 소외로 고통받는 이들에게 일자리를 제공한다 하니 협력하지 않을 명분이 없다. 한마디로 지역관리기업이 정치와 주민을 이어주는 다리가 되어주기에 지역 정치에서 지역관리기업은 무시할 수 없는 주체가 된다.

│ 지역관리기업이 칸막이식 행정을 통합할 수 있다

《지역관리기업, 사회관계를 엮다》의 6장을 보면 지역관리기업이 지역개발에 접근하는 논리가 설명되어 있다. 그중 지역은 총체적 논리로 접근해야 함을 다음과 같이 설명한다.

"같은 장소에서 사회적인 것, 경제적인 것, 문화적인 것을 분리할 수 없다. 이 모든 측면은 지역의 내적인 논리에 포함된다. 따라서 지역관리기업은 지역의 모든 측면을 총체적으로 다루어야 한다. 앞서 살펴봤듯이 경제적인 것과 사회적인 것은 분리할 수 없기에 지역관리기업은 이 두 가지 측면을 동시에 다룬다. 그래서 우선 상업적 서비스를 제공함에 있어서도 그 안에서 이루어지는 사회관계를 우선 고려하여 거래한다. 예컨대 공공질서를 다룰 때도 주거 정책, 교육 정책, 사회 불평등과 같은 다양한 측면을 고려한다."

그런데 대부분의 나라에서 행정은 여전히 칸막이식이어서 도시정책과 고용정책은 따로 놀고, 부서간 조율도 하지 않으니 효과를 보기 어렵고 자원만 낭비되기 일쑤다. 하지만 지역관리기업은 지역 내 문제가 서로 얽혀 있음을 알기에 총체적 논리로 접근한다. 그래서 예컨대 고용정책과 도시정책의 다리가 되어주는 교량역할을 한다. 노동통합을 위한 자활지원 사업은 사회 불평등 문제를 해소하기 위한 목적으로 고용복지의 영역이다. 주거와 지역관리를 통한 지역통합은 지역 불평등 문제를 해결하기 위한 목적으로 도시정책과 개발의 영역이다. 이 두 영역의 정책은 각기 따로 설계되어 시행되지만 그것을 지역에서 통합하는 것은 지역관리기업이다. 사람만 사회에 통합해서 될 것이 아니라 지역도 사회에 통합되어야 제대로 된 통합이 실현될 수 있기 때문이다.

실제로 지역관리기업은 도시 관리 영역에 있어 기술적인 면에서 커다란 질적 향상을 이루었다. 그 비결은 철저히 지역 중심으로 주민들에 의한 주민들을 위한 과정과 절차를 만든 데에 있다. 외지인의 개입으로 인한 주민들의 무관심, 부정과 비리로 인한 질 낮은 서비스에 따른 불만을 개선하며 주민들의 만족도를 높여갔다. 게다가 지속적인 교육과 훈련으로 문제해결 능력을 높여 지자체와 사회주택 주체들의 신뢰도 얻어갔다. 주민들이 친해지고 관계를 맺어 지역의 사회관계가 재창조되어야 지역공동체가 형성되고, 그래야 지역이 개발될 수 있으며 그 개발이 지속가능해진다.

마을은 경제공동체이기도 하고 사회공동체이기도 하다. 그 경제공동체가 연대적이고, 그 사회공동체가 시민의식으로 구성될 때 지역은 새롭게 살아날 것이다. 더 살 만한 곳, 살고 싶은 곳으로.

5장

지역관리기업 전국네트워크 사무총장 인터뷰

– 사무총장 타렉 다에르Tarek Daher와의 인터뷰

1 지역관리기업 전국네트워크 사무총장 타렉 다에르(맨 오른쪽)

2, 3 지난 6월 15일에 개최된 지역관리기업 전국네트워크의 2018년
　　　총회. 전국의 139개 지역관리기업의 대표 및 상임이사들이 거의
　　　빠짐없이 참여하여 진행되었다.

••• 처음 지역관리기업이 생긴 지 약 40년이 지났다. 그에 비해 지역관리기업이 140여 개 정도밖에 없다는 사실에 한국의 많은 사람들이 의아해한다. 그 까닭은 무엇인가? 일부러인가, 아니면 특별한 조건이 충족되어야 하기 때문인가?

•• 약 15년 전부터 지역관리기업의 수는 총 130~140개 사이에서 안정되었다. 그렇다고 움직임 없이 잠자고 있다는 뜻은 아니다. 어떤 곳에서는 새로 생겨났고, 어떤 곳은 사라졌다(해산, 라벨 취소 등). 전체 수가 140개에 머물러 있다는 점에서 볼 때에는 이상하게 들릴지 모르지만 가장 의미 있는 변화는 전국 네트워크는 성장하고 있다는 점이다. 하지만 그 성장은 외양이 아니라 내적인 성장이다. 개별 지역관리기업은 점차 발전하고 있다. 현재 지역관리기업의 연평균 예산은 130만 유로(약 17억 원), 연간 총매출은 70만 유로(약 9억 원), 채용인원 50명, 민관 파트너와의 계약체결 건 수는 5~10개 정도다. 2018년의 지역관리기업은 30년 전과 아주 다르다. 대부분의 경우 지역관리기업은 자리 잡고 있는 마을에서 가장 많은 일자리를 창출하는 조직 또는 유일하게 일자리를 창출하는 조직이 되었다.

또한 지역관리기업은 약 320개의 우선관리대상 마을에서 활동한다. 이 말은 전국의 우선관리대상 마을 4곳 중 한 곳이 지역관리기업 영역에 포함된다는 것이다. 프랑스에서 가장 취약한 지역의 25%에 지역관리기업이 있는데도 별로 발전이 없다고 할 수 있을까?

다른 한편으로는, 질문에서 이야기한 바와 같이 지역관리기업의 설립이 아주 복잡하고, 시간이 많이 걸리기 때문이기도 하다. 때로는 설립이 좌절되는 경우도 있다. 그 까닭은 다양하다. 우선 '파트너십 형성'을 통한 사업이 다 그렇듯, 지역관리기업도 지자체 의원, 주민, 사회주택이 공동의 프로젝트를 위해 모여야 하고, 그것을 책임지고 지속되게 해야 한다. 이러한 조건을 마련하기란 쉽지 않다. 두 번째 이유는 지역관리기업을 하려면 지자체 의원이 권력을 나누는 것에 동의해야 한다는 데 있다. 지역관리기업이 함께하는 주민들과 토론하고 논의해야 한다. 즉, 지역관리기업을 원한다는 것은 참여의 문화를 받아들이고 활성화해야 한다는 것을 뜻한다. 끝으로, 지역관리기업을 한다는 것은 지자체로서는 공공시장을 내어주어야 한다는 것을 뜻한다. 지역관리기업이 운영되려면 최소한 매출이 5만 유로는 되어야 한다. 그 정도는 되어야 안정적으로 운영되고, 지역에 존재감이 있으며, 사회적으로 유용한 활동을 기획할 수 있다. 그런데 이러한 조건을 마련하는 데 걸림돌이 많다. 지자체 의원이 소극적이거나, 담당 공무원이 몸을 사리거나, 공공조달에 대한 이해가 부족하다는 등.

지역관리기업 전국네트워크가 이러한 문제에 어느 정도 책임이 있다고 할 수 있다. 왜냐하면 지자체나 의원들이 때로는 우리를 압박하기도 하지만 우리는 늘 까다롭게 라벨을 부여하고, 전국 단위에서 지역관리기업에 대한 홍보를 별로 하지 않기 때문이다. 대부분의 경우 지역의 주체들이 알아서 지역관리기업을 하고자 할 때 전국네트워크를 접촉한다.

•·· 《지역관리기업, 사회관계를 엮다*Tisser le lien social*》를 보면 2장에 전문가 진단 과정expertise에 대해 나온다. 한국의 독자들이 이 부분에 많이 공감하며 동시에 더 많이 알고 싶다고 했다. 그 전문가는 어떤 사람들career이며, 어떤 역량을 가지고 있는지 알고 싶다.

•· 재미있는 사실은 지역관리기업이 탄생할 때, 그러니까 알마갸르에서 주민들이 도시투쟁을 위해 조직되었을 때부터 이미 전문가들이 결합했다는 점이다. 주민들이 자신들의 사업을 만들고 지자체 의원들과 만났고, 주민들이 바라는 점을 구체화하

기 위하여 전문가들(교수, 사회학자, 도시전문가 등)이 와서 도움을 주었다.

현재 전문가 시스템은 전국네트워크의 책임하에 운영되고 있다. 전국네트워크는 지역관리기업 라벨의 소유권자로서, 전문가들을 지정할 권한을 가진다. 하지만 그들을 어떤 절차로 선택하고 어떤 기준으로 판단할지 공식적인 것은 어떤 것도 없다. 다만 경험상 그들의 공통점을 말할 수는 있을 것 같다.

선택된 전문가들은 지역관리기업에 대해 완벽하게 이해하고 있고, 모두 다 한 번쯤은 지역관리기업에서 이런저런 역할을 했던 사람이다. 또한 전국네트워크와 정기적이고 지속적인 관계를 맺고 있으며, 전국네트워크는 그들과 모임을 조직하여 지역관리기업의 경험을 나누고, 사업 발전을 위한 논의를 하고 있다.

현재 함께하는 전문가들 몇 명을 소개하자면, 사회개발 분야에서 경력이 15년 이상 되는 컨설턴트(남성), 지역관리기업 상임이사 경력이 있으며 현재 지역개발 컨설턴트로 일하는 여성, 지역관리기업의 시작부터 함께한 길동무라고 할 수 있는 사회학자 한 명 등이 있다.

전국네트워크는 전문가들에게 전국네트워크가 전문가 진

단 과정을 통해 얻고자 하는 것, 전문가들이 제출해야 하는 보고서 등과 관련한 내용이 담긴 소책자를 제공한다.

그런데 주요하게 알아야 점은 전문가들이 진단 과정을 거치고 나서 보고서를 작성할 때, 라벨을 부여할지 말지 자신의 의견을 표명하지 않는다는 사실이다. 그들은 다만 본 그대로를 보고할 뿐이다. 라벨 부여를 결정하는 것은 전국네트워크 사무국의 권한이다.

• ·· 지역관리기업 중 설립 후 해산된 곳도 보았다. 실패한 비율이 어느 정도 되며 주요한 원인이 무엇인가?

· · 지난 30년 동안 80개가 문을 닫았다. 항상 원인은 하나가 아니며, 여러 가지 요소가 결합되어 피치 못할 상황이 생겨서 그렇게 된다. 그중 가장 중요한 두 가지 요소를 꼽아보면 다음과 같다.

하나는 경제적, 재정적 취약함 때문이다. 확보했던 시장을 잃거나, 회계 관리가 부실하거나, 이사회가 안정적이지 않거나 갑자기 너무 빨리 성장해버리거나 하는 등이다. 이들 모두 어떤 기업에서나 일어날 수 있는 문제들이다. 하지만 지역관리기업의 경우 살기 어려운 지역이라는 점, 채용 노동자의 조건이 취약하다는 점, 정책적인 협력이 잘 안 된다는 점 등 좀 더 복합적인 요소가 내재되어 있기 때문에 문제가 증폭되었던 것 같다.

다른 하나는, 정책적 협력이 중단되었기 때문이다. 지역관리기업은 지자체가 지지할 때 존재할 수 있고 운영될 수 있다. 전국네트워크에서는 이런 말을 하기도 한다. "지자체가 지역관리기업을 망하게 하고 싶으면 망하게 할 수 있다."(사업 위탁을 하지 않거나, 보조금을 끊거나, 다른 지원을 중단한다면 말이다.) 그런데 지역관리기업은 설립 준비 시기부터 지자체와 함께하고, 이사회 자리도 주기 때문에 때로는 지역관리기업이 지자체 정책에 복무하는 곳으로 오인되기도 한다. 그러다 보니 지자체 선거 후 시장이 바뀌면 이전 시장이 추진했다는 이유로 지역관리기업이 팽당하는 경우가 있다. 예컨대 2014년 지방선거 후 지자체장이 엄청 많이 바뀌었고, 그러한 상황에서 지역관리기업은 견딜 수 없었다.

어떤 이유로 문을 닫았건 한 조직이 어려움을 극복하려면 지역관리기업의 근본이 되는 토대를 지켜야 한다. 특히 지역파트너십을 강화하고 총동원해야 한다. 지자체나 사회주택이나 주민들이 지역관리기업을 살리고자 하는 마음이 있다면 언제나 해결책은 있게 마련이다.

••• 지역관리기업은 주민들과 지자체, 사회주택과 같은 공공기관의 대표들이 함께 만들고 이사회를 구성하고 있다. 이러한 다양한 이해당사자들이 결사체를 운영함에 있어서, 특히 이사회 안에서 지자체 의원이나 사회주택의 대표자들과 같이 특정한 이사들이 더 많은 영향력을 미치는 경우는 없는가? 혹은 의사결정을 함에 있어서 이사들 간 불균형은 없는가?

지역관리기업의 이사회 구성원 수는 평균 16명이다. 7~9석이 주민 대표에게, 2~3석이 사회주택, 3~4석이 지자체, 4~5석이 다른 파트너에게 할당된다. 그런데 중요한 것은 표의 수가 아니라 이사회 내에서 실질적인 공동생산이 이루어지느냐하는 문제다. 사회주택 대표자들은 점점 이해가 상충하는 점을 이유로 이사직을 거부하려는 경향이 늘어나고 있고, 자문 역할로 한 사람 정도만 두려고 한다.

그렇다고 이런 문제 때문에 사업이 안 되는 것은 아니고, 사람들이 의견을 표명하지 않는 것도 아니며, 사회주택이 운영자로서의 역할을 망각하지도 않는다. 계약 위탁 주체가 주의사항만 지킨다면(예컨대 공공시장 위탁 결정 위원회에 참석하지 않아야 한다) 이해 충돌 없이 지역관리기업의 이사직을 맡을 수 있다는 판례가 분명히 있다.

••• 지역관리기업 전국네트워크는 다른 나라와 협약을 체결하여 지역관리기업 모델이 확산되는 데 기여하고 있는 것으로 알고 있다. 협약을 체결하기 위해서는 해당 국가의 지자체나 정부가 참여해야 하는데, 이 경우 그다지 민주적이지 않은 정부의 경우 지역관리기업이라는 것을 정책의 도구로 사용한다든가, 민간 집단(단체)과 협치가 잘 안 되어 어려움을 겪는 경우는 없는가?

전국네트워크는 다른 나라의 요청에 기꺼이 응한다. 요청은 늘 있고, 그것은 지역관리기업에게 있어 명예로운 일이다. 하지만 우리의 모델이 간단치 않고 해당 지역의 경제적, 정치적 상황에 많이 좌우되기 때문에 프랑스 이외의 다른 나라에서 지역관리기업 라벨을 부여한 적은 한 번도 없다.

우리는 그들이 추진하는 과정을 동반지원하고, 함께 고민하며, 지역 주체들과 함께 어떻게 그 나라의 실정에 맞게 적용할 것인지 살핀다. 그렇다고 우리가 너무 적극적으로 나서지는 않으며 그럴 만한 시간도 별로 없다. 더군다나 도구화되는 것도 원치 않는다.

해외 파트너들의 진실성은 금방 바닥이 드러난다. 어떤 지자체 의원은 '자신의' 지역관리기업을 만들려고 하며, 어떤 경우에는 주민들의 참여를 자기 입맛대로 하려고 할 때도 있고, 때로는 우리가 요구하는 조건을 극복하기 어렵다고 포기하기도 한다. 이럴 경우 파트너십은 지속될 수 없다. 그럴 땐 미련 없이 철수한다.

••• 지역관리기업 전국네트워크는 전국네트워크로서 현장에 도움이 되는 많은 지원활동을 하고 있는 것으로 안다. 특히 '빠사쥬'라는 교육센터를 설립하는 등 교육과 훈련에 많은 역량과 자원을 투여하고 있는 점이 인상 깊다. 이러한 활동을 하려면 네트워크의 사무국 실무활동가들의 역량이 뛰어나야 할 듯한데, 이들의 역량을 강화하기 위해 특별한 노력을 기울이는가, 아니면 이미 현장에서 충분히 단련된 이들을 사무국 실무활동가로 뽑는 시스템인가?

•• 우리는 '프로젝트 책임자'를 채용할 때 아주 까다롭다. 왜냐하면 그 자리는 지역 조직을 직접 지원하는 최전선이기 때문이

다. 그래서 점점 더 석사학위 이상의 학위를 소지하고, 큰 규모나 연합 조직에서의 활동 경험을 통해 단련되고 직업적 자율성을 가진 이들을 채용하는 추세다.

이러한 경력에 더하여 채용 면접 때 후보자의 정책적 감각에 대해 질문한다. 지역관리기업을 얼마나 알고 있고 어떤 비전을 가지고 있는지. 주요하게는 그가 활동가로서의 감각을 가지고 있는지, 정치적 감수성을 가지고 있는지 파악하는 것이다. 그러한 것들이 없다면 그가 하는 일이나 그가 지원하는 활동은 단지 기능적인 면에 지나지 않을 것이고, 그렇게 된다면 현장에서 만족하지 않을 것이기 때문이다.

일단 채용이 되면 상근자들은 전국네트워크의 대표적인 프로그램인 '주체 되기' 연수를 반드시 거쳐야 한다. 이 과정을 통해 그는 지역관리기업의 사업과 현장에 몸담을 수 있게 되는 것이다.

또한 상근자로서 일하는 내내 그들에게 가장 좋은 훈련 방법은 최대한 자주 현장에 가게 하는 것이다. 지원은 지역관리기업의 팀들과 함께하는 현장에서 이루어지며, 구체적으로 운영되는 현장의 현실과 지속적으로 접촉하는 것이 가장 좋은 배움의 학교라고 확신한다. 우리가 원하는 건 이러한 '하방'식 운영이다. 전국네트워크 혼자서 만드는 것은 아무것도 없다. 우리는 단지 현장에서 이루어지는 것에서 시작하고, 그것이 형식을 갖출 수 있도록 하고, 확산되도록 도울 뿐이다.

마을에서 함께 읽는 지역관리기업 이야기

© 김신양, 2018

1판1쇄 발행 2018년 9월 17일   **1판2쇄 발행** 2020년 10월 27일

지은이 김신양   **디자인** 이미정

펴낸이 전광철   **펴낸곳** 협동조합 착한책가게

주소 서울시 은평구 통일로 684 1동 3C033

등록 제2015-000038호(2015년 1월 30일)

전화 02) 322-3238   **팩스** 02) 6499-8485

이메일 bonaliber@gmail.com

ISBN 979-11-962410-5-6   03330

이 도서의 국립중앙도서관 출판예정도서목록(CIP)은 서지정보유통지원시스템 홈페이지(http://seoji.nl.go.kr)와 국가자료공동목록시스템(http://www.nl.go.kr/kolisnet)에서 이용하실 수 있습니다.(CIP제어번호:CIP2018027681)